책세상문고 · 고전의 세계

형이상학

ΤΩΝ ΜΕΤΑ ΤΑ ΦΥΣΚΑ

아리스토텔레스 지음

·

김재범 옮김

책세상

일러두기

1. 이 책은 아리스토텔레스의 《형이상학》 14편 중 핵심 부분 6편(A편 1~2장, Z편, H편, Θ편, K편 7~12장, Λ편)을 발췌해 옮긴 것이다. 그리스어 대본으로는 예거Werner Jeager가 편집한 *Aristotelis Metaphysica*(OCT)(Oxford : Oxford Uni. Press, 1957)를 사용했으며, 베커Immanuel Bekker의 편집본〔*Aristotelis Opera*, Bd. II(Berlin, 1831)〕, 로스W. D. Ross의 편집본〔*Aristotle's Metaphysics*(Oxford, 1924)〕, 크리스트W. Christ의 편집본〔*Aristoteles' Metaphysik*, Neuarb. der *Übersetzung* von H. Bonitz, Griechischer Text in der Edition von W. Christ, Mit Einleitung und Kommentar hersg. von H. Seidl(Hamburg : Felix Meiner, 1989)〕을 참조했다. 또한 로스W. D. Ross의 영어 번역본〔*The Works of Aristotle*, Vol. VIII(Oxford, 1960)〕, 보니츠H. Bonitz의 독일어 번역본〔*Aristoteles' Metaphysik*, Neuarb. der *Übersetzung* von H. Bonitz, Griechischer Text in der Edition von W. Christ, Mit Einleitung und Kommentar hersg. von H. Seidl〕, 슈바르츠F. F. Schwarz의 독일어 번역본〔*Aristoteles, Metaphysik*(Stuttgart : Philipp Reclam jun, 1984)〕을 참조했다.
2. 본문의 문장 부호들은 번역 대본을 그대로 따른 것이다. ( )는 아리스토텔레스가 덧붙인 글, 〈 〉는 편집자 예거가 덧붙인 글, 〔 〕는 빠진 부분을 채워 넣은 글, 〔 〕는 나중에 아리스토텔레스 혹은 다른 사람들이 끼워 넣은 것으로 추측되는 글이다.
3. 본문 옆에 표시한 숫자는 공식 인용판인 베커 편집본의 쪽과 줄을 가리킨다. 예를 들어 '993a'가 나오고 그 아래 '5'가 나온다면 베커 편집본 993쪽 왼쪽 단의 위에서부터 다섯 번째 줄을 가리킨다(베커 편집본은 한 페이지가 2단으로 되어 있으며, 왼쪽 단을 a, 오른쪽 단을 b로 표시한다).
4. 아리스토텔레스의 저작들은 주로 강의용으로 쓰인 것이어서 각 부분에 제목이 붙어 있지 않다. 이 책의 제목들은 독자들의 이해를 돕기 위해 옮긴이가 붙인 것이다.
5. 원문에서 각 편들이 그리스어 철자 'ΑΒΓΔ……'로 구분돼 있는데 이를 굳이 '1234……'로 바꾸지 않고 그대로 따랐다. 그리스어 철자는 다음과 같이 읽는다. Α-알파, Β-베타, Γ-감마, Δ-델타, Ε-엡실론, Ζ-제타, Η-에타, Θ-세타, Ι-요타, Κ-카파, Λ-람다, Μ-뮤, Ν-뉴.
6. 주는 모두 옮긴이가 붙인 것이다.
7. 주에서 아리스토텔레스의 저작을 언급할 때는 저자명을 적지 않았다.

형이상학 | 차례

들어가는 말

2,500년 전에 아리스토텔레스가 쓴 책《형이상학》은 오늘도 여전히 사람들에게 읽히고 있다. 10년이면 강산도 변한다는데, 인간의 사유가 이렇게 오랫동안 생명력을 유지해온 것은 무엇 때문일까? 사상에도 변하지 않는 실체라는 본질이 있을까?

내가 아리스토텔레스와 관계한 지도 이제 20년이 다 되었다. 대학 4학년 봄날에 현재 울산대학교 철학과에 계시는 김진 선생님과의 만남을 계기로 아리스토텔레스에게 붙들렸다. 그때 선생님으로부터 플라톤의 '세계 제작론'이라는 주제를 받아 들고 발표문을 준비하면서 본질과 운동에 매료된 것이 원인이었다. 본질이 있다는 것과 운동한다는 것, 내가 있다는 것과 산다는 것. 이것은 삶을 걸머지고 가는 생명체의 가장 기본적인 요소가 아니겠는가?

나는 아리스토텔레스를 발판 삼아 더 넓은 세계로 나가겠다는 그림을 그렸지만, 어느 선배의 말처럼 아리스토텔레스에게 갇히고 말았다. 문제가 보이는가 싶다가도 흐려지고 깜깜한 방 안에 갇히는 것이 되풀이되었다. 명쾌하지 않은 맨 처음의 원리와 원인=실체=본질. 어떤 사람들은 이것을 신이라고 규정하고 있다. 독일에서 공부할 때 뮌스터 대학에서 만난 한 지인은 그렇기 때문에 존재의 형이상학은 더 이상 철학적 연구의 대상이 아니라고 했다. 어찌 보면 맞는 말 같기도 하다. 그러나 철학의 핵심은 본질에 관한 탐구다. 신학을 공부하기 위하여 많은 학생들이 철학을 공부하려 한다. 무엇 때문일까? 철학은 신학 없이 있다. 그러나 신학은 중세 시대 이래로 신의 존재 증명을 시도해왔으며, 그러는 한 신학은 철학 없이는 불가능하다. 본질 탐구는 신학이 아니라 철학, 특히 형이상학의 과제이기 때문이다. 그러므로 나는 오늘도 아리스토텔레스의 실체의 문제에 빠져 있어도 될 것이다. 내가 있다는 것과 내가 산다는 것 때문에.

책을 읽을 때 개념을 이해한다면 내용의 절반을 이해했다고 봐도 될 것이다. 특히 아리스토텔레스의 형이상학에서는 그런 것 같다. 나 역시 처음 그리스어로 쓰인 책을 접했을 때 개념에 대한 이해에서만 몇 년을 헤매었다. 독일 뮌스터 대학에서 바이데만H. Weidemann 선생님의 첫 수업 때 밑바탕 ὑποκεῖμενον이 무엇인지 물었다가 혼난 적도 있다. 물론 지금도 개념에서 헤매고 있다는 것이 솔직한 고백이다. 전남대학교에서 〈아리스토텔레스의 활동태와 완성태에 관한 고찰〉로

석사 학위를 받았지만, 이때는 솔직히 이차 문헌들을 접하고 있었기 때문에 별로 개념에 대한 어려움을 의식하지 못했던 것 같다. 그러나 아리스토텔레스 전공자로서 그리스어로 그의 사상을 읽고 싶었다. 그래서 독일에 첫발을 디딘 순간부터 번역본과 이차 문헌을 멀리했다. 어찌 보면 이는 참으로 미련한 짓이다. 그러나 나는 이것이 학문의 정도라고 생각한다. 나는 텍스트 수정주의보다는 텍스트 교조주의를 옹호한다. 그렇기 때문에 나의 유학 생활이 어려웠다. 그래서 이유야 무엇이건 공부를 끝내지 못하고 돌아와 오늘 이렇게 있다.

원전을 읽는 것은 어려운 일이다. 그럼에도 불구하고 우리는 원전을 읽어야 한다. 왜인가? 저자와의 대화를 위해서다. 무엇 때문에 저자와 대화를 해야 하는가? 자기를 세우기 위해서다. 자기를 세운다는 것은 쉽지 않다. 그러므로 원전을 읽는 것 또한 어려운 일이다. 이런 이유 때문인지 요즘 한국에서는 원전을 옮길 때 많은 주석을 붙이고 있다. 그러나 나는 생각이 다르다. 다른 언어로 옮겨진 책도 원전이다. 다만 저자가 사용한 언어와 다른 언어로 되어 있다는 점이 다를 뿐이다. 물론 옮긴이의 능력과 의도에 따라 내용도 다를 수 있다. 그러나 좋은 옮김이란 저자와 독자의 대화를 가장 방해하지 않는 옮김이라고 나는 생각한다. 그리고 독자가 책을 가장 잘 읽는 것은 다른 사람의 해설에 의해서가 아니라 저자와의 충분한 대화를 통해서 내용을 이해하는 것이라고 생각한다. 그렇다면 책을 통해서 어떻게 저자와 대화할 수 있는가? 흔히 줄 사이를 읽는다고 한다. 다시 말하면 끊임없이 저자에게 질문하고 저자의 글을 반복해 읽으며 독자 스스로 생각을 거듭하는 가운데 스스로 답을 찾는 것이 곧 저자와 대화하는 길이다. 이런 이유로 나는 내용을 해설하는 주석을 붙이지 않는다. 나는 독자 여러분에게 텍스트 교조주의자가 될 것을, 칸트의 말대로 철학할 것을 요구하는 것이다. 독자 여러분이 칸트의 말을 따를 때 아리스토텔레스는 꼭 그만큼 여러분 자신을 세워줄 것이라고 확신한다.

외국어를 한국어로 옮긴다는 것은 참으로 어려운 일인 것 같다. 더욱이 지금으로부터 2,500년 전에 사용되었던 언어를 오늘의 언어로 옮기자니 너무나 큰 어려움이 따랐다. 슈바르츠F. F. Schwarz와 보니츠H. Bonitz 그리고 로스W. D. Ross의 번역본의 도움을 받지 않았더라면 이 번역은 평생의 일거리가 되었을지도 모른다. 생략된 많은 단어들을 내용에 맞게 유추해내는 데 이들 번역본이 많은 도움을 주었다. 그리고 하나의 단어가 문장에 따라 다른 뜻으로 쓰일 때도 의미를 파악하는 데 이 번역본들의 도움을 받았다. 아리스토텔레스의 《형이상학》을 한국어로 옮길 때 가장 어려우면서도 공을 들인 부분이 용어 선택이었다. 무엇보다도 한자어를 피하고 일상에서 쓰는 쉬운 순우리말, 삶의 단어를 취하려고 애썼다. 그렇다 보니 때로 표현이 낯설어지기도 했다. 이것은 나의 우리말 능력의 한계를 드러내는 부분이라 참으로 부끄럽다. 모든 일본식 한자어들을 순우리말로 바꾸고 싶었지만 우리말을 다루는 능력이 부족해 그렇게 하지 못했다. 다만 지금까지 사용돼온 몇몇 용어를 다음과 같이 순우리말로 바꾸었다. '기체 → 밑바탕', '존재 → 있음', '존재자 → 있는 것', '범주 → 틀/틀 지음(실체를 틀 짓는 것들)', '우연적인 것(우연) → 덧붙여진 것'. 순우리말 번역어를 찾는 일은 앞으로 계속해나가려 한다.

나는 아리스토텔레스의 《형이상학》을 완역했지만, 사정상 발췌본을 내게 되었다. 아쉬움은 크지만 오늘은 이것으로 만족하고 싶다. 가능한 한 아리스토텔레스가 순수하게 자신의 형이상학을 기술한 부분들만 발췌하려고 노력했다. 분량의 제한 탓에 E편과 I편을 포함하지 못한 것은 아쉽지만 A편(1~2장), Z편 · H편 · Θ편 · K편(7~12장), Λ편만으로도 충분하다고 생각한다. 왜냐하면 아리스토텔레스의 《형이상학》은 실체가 무엇인지, 어떻게 있는 것들이 있게 되는지에 있어 그 원리와 원인을 밝히는 책이기 때문이다. 이 책은 있는 것들을 있게 하는, 자신은 변화하지 않으며 생겨남도 사라짐도 없는 것, 그러므로 다른 것들에 의해서 일컬어지지 않고 오히려 다른 것들이 이것에 의해서 일컬어지는 것, 이것이 실체임을 밝힌다. 그리고 이러한 실체를 질료와 형상으로 분석하고, 이것들이 어떻게 다양한 개별자들로 만들어지는지를 가능태와 활동태와 완성태에서 변화와 운동을 통해 통찰한다. 질료와 형상으로부터 구체적인 개별자가 만들어지는 과정에서 변화 혹은 운동이 일어나는데, 운동을 가능하게 하는 최고의 것, 이것이 제1원인, 즉 운동하지 않으면서 운동하는 것이다. 이 책에 포함되지 않은 E편과 I편을 제외한 나머지 편들은 주로 아리스토텔레스 이전 사상가들의 이론에 대한 비판적 고찰이다.

나는 대학 시절에 한국어 번역본이 없어서 이 《형이상학》을 읽지 못했기에, 우리나라의 철학하는 사람들을 위하여 2004년에 이 책의 번역 작업을 시작했다. 그리스어의 어려움 때문에 초고를 완성하는 데만도 꼬박 1년이 걸렸다. 하지만 초고는 나 자신도 이해할 수 없을 정도로, 한마디로 글이 아니었다. 그리하여 초고를 옮기듯이 1차 교정을 했지만, 이것도 형편없었다. 2차, 3차 교정을 또다시 초고 작업을 하듯이 하고 나서야 비로소 글에 틀이 잡혔다. 이후 4차 교정을 마칠 무렵 김진성 씨에 의하여 《형이상학》 한글본이 출판되었다는 소식을 들었다. 참으로 난감했다. 번역 완성 작업을 포기하고 한동안 고통의 시간을 보냈다. 그러다 은사이신 김진 선생님의 격려로 4차 교정을 마치고 5차 교정을 마무리할 즈음 선생님께서 출판사 책세상을 소개해주셨다. 아마도 선생님의 사랑이 없었다면 이 책은 출판되지 못했을 것이며 5년간의 산고는 산모의 죽음으로 끝이 났을 것이다. 김진 선생님께 진심으로 감사한다.

오늘 이 책을 출판하기까지 나는 많은 이들에게 빚을 졌다. 은사 김기중 선생님, 조성술 선생님, 그리고 김진 선생님께 진심으로 감사한다. 독일 프랑크푸르트 공항에서 나를 반갑게 맞아주었던 전남대 철학과의 정미라 선배, 뮌스터에서 친형처럼 돌봐주며 갚을 수 없을 만큼 큰 사랑을 보여주었던 전남대 철학과의 김양현 선배 부부, 튀빙겐에 있을 때 따뜻하게 감싸주었던 이정일 형, 그리고 10년 선배임에도 불구하고 뮌스터에서부터 지금까지 동학으로서 어려울 때 좌절하지 않고 나갈 수 있도록 위로와 격려를 아끼지 않은 지성기 선배에게 진심으로 감사한다. 유학 시절, 지치고 피곤할 때 편히 쉴 수 있도록 언제나 따뜻한 마음으로 맞아주었던, 그리고 지금은 고흥 산골에서 여전히 편안하게 맞아주는 친구 이승원 · 김민영 부부에게도 진심으로 감사한다. 유일하게 너덜너덜한 초고에서부터 성심껏 원고를 읽어준 친구 오은택 박사에게도 진심으로 감사한다. 누구보다도 칠십 평생 흙에서 살며 뒷바라지해주신 김만운 아버님과 조복순 어머님께는 갚을 수 없는 빚을 졌다. 백발이 다 된 부모님의 깊은 사랑에 감사하며 당신들의 기대에서 벗어난 채 걱정만 끼치는 불효에 용서를 구한다. 그리고 어린 시절부터 지금까지 부족한 아우를 돌봐준 형 재인과 항상 따뜻한 마음으로 배려해준 동생 옥희, 그리고 지금 우리 가족의 가슴에 묻혀 있는 막내 재성을 비롯해 가족들의 깊은 사랑에 진심으로 감사한다. 끝으로, 5년간의 산고 끝에 빛의 세례를 받도록 출판을 허락해준 책세상에 진심으로 감사한다.

빛고을에서

옮긴이 김재범

A.

원리와 원인에 관한 앞 철학자들의 이론

1. 앎에 관한 탐구(경험, 기술, 학문)

모든 인간은 본성상 알고 싶어 하는 속성을 지닌다. 그리 980a
고 감각적인 앎에 대한 무조건적인 사랑함ἡ ἀγάπησις이 이
것을 입증한다. 왜냐하면 감각적인 앎은 필요로 하지 않으
면서도 그 자체만으로 사랑받으며, 또한 다른 무엇보다도 특
히 눈을 통한 감각적인 앎이 그러하기 때문이다. 왜냐하면
우리가 행하기 위해서뿐만 아니라 행하는 것을 의도하지 않
을 때에도 언급한 것처럼 우리는 모든 다른 것들 대신 보는
것을 선택하기 때문이다. 이러한 이유는 본다는 것이 감각
적인 앎들 중 우리로 하여금 가장 잘 알게 하며, 많은 차이들
을 명쾌하게 해주기 때문이다. 사실 동물들은 본성상 감각
적인 앎과 관계한 채 태어난다. 그러나 동물들 중 어떤 동물
들에서는 감각적인 앎으로부터 기억이 형성되지 않으며, 다
른 동물들에서는 그렇게 기억이 형성된다. 그리고 이런 이유 980b

때문에 후자는 기억력이 없는 것들보다 더 잘 이해할 수 있으며 더 잘 배울 수 있다. (예를 들면 벌이나 혹은 동물들 중 다른 어떤 유γένος일지라도) 소리를 들을 수 없는 것들은 배우지 않고도 이해하며, 기억과 더불어 이러한 감각적인 앎을 갖는 것들은 배운다. 그러므로 다른 동물들은 현상과 기억에서 살지만, 경험ἐμπειρία을 조금밖에 소유하지 못한다. 그렇지만 인간이라는 유는 기술τέχνη과 생각하는 능력을 가진다. 그러나 인간들에게서 경험은 기억으로부터 생겨난다. 왜냐하면 같은 상태에 대한 많은 기억들이 한 가지의 경험 능력을 만들기 때문이다. 그리고 경험은 학문ἐπιστήμη과 기술에 거의 같은 것으로 여겨진다. 그러나 인간에게서 학문과 기술은 경험을 통해서 나온다. 왜냐하면 폴로스가[1] 옳게 언급한 것처럼, 경험은 기술을 만들고 경험되지 않는 것은 우연τύχη을 만들기 때문이다. 그러나 경험을 많이 숙고함으로써 비슷한 경험들에 대한 한 가지의 보편적인 가설이 형성되는 경우에 경험은 기술이 된다. 왜냐하면 여기 이러한 병을 앓고 있는 칼리아스와 소크라테스 그리고 개별적으로 같은 병을 앓고 있는 많은 사람들에게 여기 이것이 적합했다는 가설을 만드는 것은 경험에 속하기 때문이다. 그러나 한 가지 종에 따라서 규정된 여기 이러한 병을 앓고 있는 모든 여기 이러한 사람들에게, 〘예를 들면 불에 델 때 염증을 앓는 자들에게 혹은 담액의 환자에게 〔혹은〕 열을 가진 자에게,〙 여기 이것이 적합했다는 가설을 형성하는 것은 기술에 속한다.—그러므로 행하는 것과 관련하여 경험은 기술과 구별되는 것으로 여겨지지 않으며, 오히려 우리는 경험 없이 이론λόγος을 갖는 자들보다는 경험자들을 훨씬 더 행하는 것에 도달한 자들로 본다. (이러한 이유는 경험이 개별적인 것들에 대한 앎이지만, 기술은 보편적인 것들에 대한 앎이기 때문이다. 그리고 모든 행위들과 생겨남들은 개별적인 것에 관계하기 때문이다. 왜냐하면 경험을 통하여 치료하는 자는 우연적으로κατὰ συμβεβηκός 낫게 하는 것 외에 달리 사람άνθρωπον을 낫게 하지 못하고, 오히려 칼리아스, 소크라테스 혹은 개별적으로 일컬어지는 다른 사람들 중 어떤 사람을 사람에게 생겼던 병에서 낫게 하기 때문이다. 그러므로 만일 어떤 자가 경험 없이 이론을 갖는다면, 그리고 보편적인 것은 알지만 보편적인 것에서 개별적인 것을 알지 못한다면, 그는 대개는 병을 치료하는 것에서 벗어나게 될 것이다. 왜냐하면 그는 개별적인 것을 치료할 것이기 때문이다.) 그럼에도 불구하고 아는 것τὸ ειδέναι과 이해하는 것τὸ επαΐειν은 경험에서보다는 기술에서 나왔다고 여겨지며, 그리고 모든 것에서 지혜를 더욱 더 아는 것으로 추구하기에, 경험자들보다는 기술자들이 보다 더 지혜로운 자들로 받아들여진다. 이는 기술자들은 원인αιτία을 알지만, 경험자들은 알지 못한다는 것이다. 왜냐하면 경험자들은 ……이라는 것τὸ ὅτι은 알지만, 무엇 때문에διότι는 알지 못하기 때문이다. 그러나 기술자는 무엇 때문에와 원인을 안다. 이런 이유로 각각에서 건축가들이 노동자 981b 들보다 더 높게 평가되고 더 많이 알며 더 지혜로운 자라고 여겨진다. 왜냐하면 건축가들은 행해진 것들에 대한 원인을 아는 자들이지만, 〚노동자들은, 영혼을 갖지 않은 많은 것들이 행하지만, 무엇을 행하는지를 알지 못한 채 행하는 것처럼, 예를 들면 불이 타는 것처럼, 그렇게 행하는 자들이기 때문이다.—그러므로 영혼을 갖지 않은 것들은 어떤 본성에서 φύσει 그것들의 개별적인 것을 행하지만, 노동자는 습관적으로 개별적인 것을 행한다.〛 왜냐하면 건축가들은 그들이 실행할 수 있는 능력과 관련해서가 아니라 오히려 그들이 이론λόγον을 갖고 있고 원인을 알고 있는 것과 관련해서 더 지혜로운 자들이기 때문이다. 일반적으로 가르칠 수 있다는 것은 아는 것과 알지 못한 것을 구별 짓는다. 이 때문에 기술이 경험보다 훨씬 더 학문으로 여겨진다. 왜냐하면 건축가들은 가르치는 능력을 가졌지만, 노동자들은 가르치는 능력을 갖지 못했기 때문이다. 더 나아가 감각적인 앎의 어떤 것도 지혜라고 여겨지지 않는다. 그렇지만 개별적인 것들에 대한 앎 자체가 가장 핵심적이다. 그러나 이 개별적인 것들에 대한 앎은 어떤 것에 대해서도 무엇 때문τὸ διὰ τί을 말하지 않는데, 예를 들면 불은 무엇 때문에 뜨거운지를 말하지 않고, 단지 뜨겁다는 것만을 말할 뿐이다. 그러므로 공통된 감각적인 앎을 넘어서는 어떤 종류의 기술을 맨 처음으로 발견한 자는 발견된 그것이 유용하기 때문만이 아니라 그가 지혜로운 자이며 다른 사람들과 구별되기 때문에도 사람들로 하여금 경외감을 갖게 한다. 그러나, 한편에서는 생활에 필요한 것들과 관련하여, 다른 한편에서는 생활 양식과 관련하여 기술들이 더 많이 탐구되는데, 생활 양식과 관련한 학문들은 필요와 관련한 것이 아니기 때문에 이들은 생활에 필수적인 것과 관련된 자들보다 항상 더 지혜로운 자로 받아들여진다. 그러므로 모든 이러한 기술들이 갖추어진 곳에서 앎에 대한 즐거움이나 필요성과 무관한 학문들이 탐구되었다. 그리고 여유로웠던 자가 이러한 곳에서 이러한 학문을 탐구했다. 이 때문에 이집트에서 먼저 수학적 기술들이 완성되었는데, 왜냐하면 여유로움이 성직자 계층에서 허용되었기 때문이다. 〚그러므로 《윤리학》에서[2] 기술과 학문 그리고 같은 종류의 유들의ὁμογενῶν 다른 것들 간에 어떤 차이가 있는지를 언급한다. 그러나 지금 우리가 이러한 개념을 다루는 것은 모두가 맨 처음의 원인들과 원리들ἀρχάς에 관하여 지혜라고 하는 것을 전제하기 때문이다.〛 따라서 앞에서 언급된 바와 같이 경험자는 어떤 종류의 감각적인 앎을 소유한 자들보다 더 지혜로운 자로 여겨지며, 기술자는 경험자들보다, 건축가는 노동자보다, 그리고 고찰하는 학문들은 행하는 학문들보다 더 982a
욱 지혜로운 것들로 보인다. 그러므로 지혜는 어떤 원리들과 원인들에 관한 학문임이 분명하다.

2. 지혜와 제1학문

그리고 이와 같은 학문을 탐구해야 하기 때문에, 다음과 같은 사항을 반드시 살펴야만 한다. 즉 어떤 종류의 원인들과 어떤 종류의 원리들에 관한 학문이 지혜인가? 만일 어떤 사람이 우리가 지혜로운 자에 관하여 가진 전제들을 파악한다면, 대개는 이것으로부터 더욱더 분명해질 것이다. 그러므로 우리는 먼저 개별적인 것에서 원인들과 원리들에 관한 학문과 관계하지 않은 채, 가능한 한에서 지혜로운 자는 모든 것들을 이해한다고 생각한다. 다음으로 어려운 것들과 쉽게 인간에게 알려질 수 없는 것을 알 수 있는 자를 지혜로운 자라고 생각한다. 왜냐하면 감각적으로 아는 것은 모두에게 공통되며, 이 때문에 감각적으로 아는 것은 쉬운 일이며 이것을 아는 것은 지혜로운 자가 아니기 때문이다. 더 나아가 모든 학문에 관하여 보다 더 엄밀하며 원인들을 더 잘 가르칠 수 있는 자는 더 지혜로운 자다. 그러나 또한 학문들 중 학문 자신을 위하여 그리고 앎εἰδέναι을 위하여 추구하는 학문은 학문의 결과들 때문에 추구하는 학문보다 더 지혜로운 학문이며, 더 지배적인 학문이 그에 종속된 학문보다 더 지혜로운 학문이다. 왜냐하면 지혜로운 자는 정렬당하는 것이 아니라 정렬시키기 때문이며, 지혜로운 자를 다른 사람에게 복종시키는 것이 아니라 보다 덜 지혜로운 자를 지혜로운 자에게 복종시켜야 하기 때문이다.—그러므로 우리는 지혜와 지혜로운 자들에 관하여 이러한 종류의 이렇게 많은 전제들과 관계한다. 그리고 모든 것을 이해함은 지혜로운 자들 중 가장 보편적인 학문τὴν καθόλου επιστήμην을 갖는 자에게서 가능할 것임에 틀림없다. 왜냐하면 가장 보편적인 학문을 갖는 자는 모든 밑바탕들τὰ ὑποκείμενα을 알기 때문이다. 그리고 또한 밑바탕, 즉 가장 보편적인 것을 안다는 것은 대체로 사람들에게 가장 어려운 것이기 때문이다. 왜냐하면 가장 보편적인 것은 감각적인 앎들로부터 가장 멀리 있기 때문이다. 그리고 가장 첫 번째 것들에 대한 학문들이 학문들 중 가장 엄밀한 학문들이다. 왜냐하면 단순한 것들로 이루어진 학문들은 더해진 것으로 이루어진 학문들보다 더 엄밀한 학문들이라고 일컬어지기 때문인데, 예를 들면 산술ἀριθμητική은 기하학보다 더 엄밀한 학문이다. 그렇지만 또한 이론 학문ἡ θεωρητικη은 원인들을 더 높은 차원에서 가르칠 수 있는 학문이다. 왜냐하면 개별적인 것에 관하여 원인들을 말하는 자들이 가르치기 때문이다. 그러나 원인들을 위하여 알고 이해하는 것은 가장 잘 이해할 수 있는 학문에서 가장 잘 일어난다. 왜냐하면 가장 잘 이해할 수 있는 것을 통해서 이해하는 것을 받아들인 자는 최고의 학문을 가장 잘 수용할 것이 982b
며, 이러한 학문이 가장 잘 이해할 수 있는 학문이기 때문이다. 그래서 첫 번째 것들과 원인들이 가장 잘 이해할 수 있는 것들이다. 왜냐하면 이것들에 의해서 그리고 이것들로부터 다른 것들을 알게 되지만, 이것들 아래에 있는 것들에 의해서 이것들을 알게 되는 것은 아니며, 개별자가 무엇을 위해서τίνος ἕνεκε 행해져야만 하는지를 아는 학문이 학문들 중 최고의 학문이며 또한 지배를 당하는 것보다는 지배하는 학문이기 때문이다. 그러나 '무엇을 위해서'는 개별자의 착함τὸ αγαθόν이며, 일반적으로 모든 자연에서τῆ φύσει πάση 가장 좋은 것이다. 그러므로 탐구된 이름이 언급된 모든 것들에 의해서 같은 학문에 붙여진다. 왜냐하면 맨 처음 원리들과 원인들의 학문은 이론 학문이어야만 하기 때문이다. 또힌 착함과 무엇을 위해서τὸ οὗ ἕνεκα는 원인들 중의 한 가지이기 때문이다.

그러나 이것들은 생산하는 학문이 아니라는 것이 초기의 철학하는 자들로부터 확실하게 드러난다. 왜냐하면 인간들은 경이로움으로 인하여 초기에도 그리고 지금도 철학함φιλοσοφειν을 하기 때문이다. 즉 그들은 처음에는 익숙하지 않은 일들이 발생한 것을 경이로워했으며, 다음으로 점점 더 같은 방식으로 나갔고 그러고는 거대한 것들에 관하여 어려움에 빠졌다. 예를 들면 달의 현상에 관하여 그리고 태양과 행성들의 현상에 관하여 또한 모든 생성에 관하여 어려움에 직면했다. 그리고 어려운 문제απορία와 경이로움에 처한 자는 자신의 무지함을 깨달았다. (그러므로 신화를 사랑하는 사람

φιλόμυθος은 어떤 방식에서는 지혜를 사랑하는 사람φιλόσοφος이다. 왜냐하면 신화는 경이로움으로 이루어지기 때문이다.) 따라서 만일 사람들이 알지 못함에서 벗어남을 위해서 철학했다면, 이해함은 어떤 필요한 것을 위해서가 아니라 앎을 위해서 추구되었다는 것이 드러난다. 그리고 이끌어진 결과가 이러한 것을 입증한다. 왜냐하면 생활에 필요한 것들과 편안하고 여유로움이 모두 실제로 있을 때 이러한 종류의 인식ἡ φρόνησις이 탐구되기 시작했기 때문이다. 그러므로 이러한 종류의 인식을 통해서 그 밖의 다른 유용한 것을 탐구하는 것이 아니라, 오히려 다른 것을 위해서가 아닌 자신을 위해서 있는 자가 자유로운 인간이라고 말한 것처럼, 그렇게 또한 학문들 중 오로지 자신만을 위한 학문이 자유로운 학문이라는 것이 분명해진다. 왜냐하면 오로지 이러한 학문만이 자신을 위한 것이기 때문이다. 이 때문에 또한 이러한 학문을 획득하는 것이 인간의 능력이라고 여기는 것은 적합하지 않을 것이다. 왜냐하면 많은 것들에서 인간의 능력은 종속적이기 때문이다. 그렇기 때문에 시모니데스에 따르면

"오로지 신만이 이러한 특권을 가질 것"이지만,

인간이 스스로 학문을 탐구할 수 없다는 것은 적절치 않다. 그렇지만 만일 시인들이 어떤 것을 언급하고 신적인 것τὸ θεῖον이 본성적으로 질투하는 것이라면, 특히 이러한 경우에 983a
서 일어날 것이며 이러한 학문에 빼어난 모든 사람들은 불행

3 한 자들일 것이다. 그러나 신적인 것은 질투일 수 없으며, 오
히려 속담에 따르면

3a 시인들이 많은 거짓말을 했고,

4 다른 학문을 이러한 종류의 학문보다 더 가치 있는 것으로
5 간주해야 할 필요도 없다. 왜냐하면 가장 신적인 학문은 가
장 가치 있는 학문이기 때문이다. 그러나 이러한 종류의 학
문은 두 가지 의미에서 유일한 학문일 것이다. 왜냐하면 대
개 신이 가장 잘 관계할 수 있는 학문은 학문들의 신이며, 더
욱이 신적인 것들에 관한 어떤 학문일 것이기 때문이다. 그
러나 오로지 이런 학문만이 이러한 두 가지 의미에 뒹는다.
왜냐하면 신은 모든 것들에게 원인이며 어떤 원리로 여겨지
10 고, 또한 유일하게 혹은 가장 잘 이러한 종류와 신이 관계할
수 있기 때문이다. 물론 다른 모든 학문들은 이러한 유일한
학문보다 더 필요한 것들이지만, 그러나 어떤 학문들도 이
것보다 더 좋은 것은 아니다.—물론 어떤 방식에서 이런 학
문의 획득은 우리가 처음에 탐구한 것들에 필연적으로 대립
한다. 왜냐하면 언급한 바에서처럼, 다음의 경우에서와 같이
그러하다면, 모든 사람들은 놀라움으로부터 시작하기 때문
이다. 즉 〔아직 원인을 고찰하지 못한 자들에게〕 자율적인 것
15 들ταυτόματα은 놀라운 것이며 혹은 태양의 공전에 관하여
혹은 대각선을 측정할 수 없음[3]에 관하여 놀라워하는 경우
다(왜냐하면 만일 어떤 것이 가장 작은 척도에서 측정되지 않는다

면, 〈원인을 아직 고찰하지 못한 자들〉 모두에게 가장 경이로운 것으로 여겨지기 때문이다). 그러나 만일 이들이 원인을 배운다면, 여기에서와는 반대로 그리고 속담에 따라서 좋게 될 수밖에 없다. 왜냐하면 대각선이 측정될 때만큼 기하학자가 많이 놀랄 일은 없을 것이기 때문이다. 그러므로 탐구되는 학문의 본성이 무엇이며, 탐구와 모든 방법이 도달해야만 하는 목표가 무엇인지를 언급했다.

Z.
실체에 대한 탐구

1. 실체란 무엇인가?

우리가 앞서 논의한 것들에서 여러 가지로 설명했던 것처럼,[4] 있는 것τὸ ὄν’은 다양한 방식으로 일컬어진다. 왜냐하면 있는 것은 한편으로는 무엇τὸ τί이며 여기 어떤 이것τόδε τι이라는 것을, 다른 한편으로는 질, 양 혹은 이와 같은 방식으로 서술되는 다른 것들 각각을 표시하기 때문이다. 그러나 있는 것이 이만큼 다양하게 언급된다면, 분명히 실체τὴν οὐσίαν를 나타내는 무엇τὸ τί이 이것들 중 첫 번째로 있는 것이다(왜냐하면 여기 이것이 어떤 성질인지를 묻는 경우에는 착함 혹은 나쁨이라고 말하지, 세 배의 팔 길이 혹은 인간을 말하지 않지만, 무엇인지를 묻는 경우에는 하얀 것 혹은 따뜻함 혹은 세 배의 팔 길이를 말하지 않고 인간 혹은 신을 말하기 때문이다). 그러나 다른 있는 것들은 같은 의미에서 있는 것의 성질들, 양들, 양태들 그리고 이러한 종류의 다른 것들로 일컬어진다. 그리고 이런 이유로 인하여 누군가는 걸음, 건강함 그리고 앉음에 관해서, 그러나 또한 같은 방식에서 다른 이러한 종류들의 어떤 것들에 관해서도 있는 것들의 개별자인지 혹은 아닌지를 물을 수 있을 것이다. 왜냐하면 이것들 중 어떤 것도 스스로 〔성장할 수 있는 것〕도 실체로부터 분리될 수 있는 것도 아니며, 오히려 만일 그러하다면, 걸음, 앉음 그리고 건강함은 있는 것들에 속하기 때문이다. 그러나 이러한 것들은 더욱더 있는 것들로 여겨진다. 왜냐하면 어떤 밑바탕τι τὸ ὑποκείμενον이 이러한 것들에서 규정되어 있기 때문이다(그러나 밑바탕은 실체이며 개별적으로 있는 것이다). 이것은 이러한 종류의 틀에서 드러난다. 왜냐하면 선ἀγατόν 혹은 앉음은 밑바탕 없이 언급되지 않기 때문이다. 그러므로 이러한 실체로 말미암아 있는 것들 각각이 있다는 것은 자명하다. 따라서 맨 처음에 있는 것과 어떤 있는 것이 아니라 오히려 단순히 있는 것은 실체일 것이다. 그러므로 맨 처음의 것은 다양하게 일컬어진다. 그렇지만 모든 것에서, 개념에서도 앎에서도 시간에서도 실체는 맨 처음의 것이다. 왜냐하면 실체는 다른 틀들로부터 분리할 수 있는 어떤 것이 아닌, 유일한 것이기 때문이다. 그렇지만 개념에서 실체는 최초의 것이다(왜냐하면 실체의 개념이 개별자의 개념 속에 필연적으로 있기 때문이다). 그리고 질, 양, 혹은 장소가 무엇인지를 알 때보다는 인간 혹은 불이 무엇인지를 알 때, 이때에 개별 사물을 가장 잘 이해한 것

으로 여겨진다. 왜냐하면 질 혹은 양이 무엇인지를 알 때, 이 1028b
때에 이러한 틀들의 각각을 이해하는 것이기 때문이다. 특히 이전에 그리고 지금 항상 탐구되고 질문된 것은, 있는 것은 무엇인가, 실체란 무엇인가라는 것이다(왜냐하면 이러한 것을 몇몇 사람들은[5] 하나라고 말하고, 다른 몇몇은 하나보다 많은 것이라고 말하며, 또 다른 몇몇은[6] 한정된 것이라고, 다른 몇몇은[7] 무수히 많은 것이라고 말하기 때문이다). 이런 까닭에 언급한 바와 같이 우리는 특별히 우선적으로 단순히 이와 같은 의미에서 있는 것이 무엇인지를 관찰해야만 한다.

2. 실체에 관한 개별 종류들

그런데 가장 확실한 것으로서 실체는 물체들에서 실제로 있는 것이라고 여겨진다(이 때문에 동물과 식물 그리고 이것들의 부분들을 실체들이라고 우리는 말한다. 그리고 자연의 물체들, 예를 들면 불, 물, 흙 그리고 이러한 종류들의 각각, 그리고 이러한 것들의 부분들 혹은 이러한 것들로부터 생긴 것, 혹은 어떤 것들의 혹은 모든 것들의 부분들, 예를 들면 천체와 그것의 부분들, 별과 달과 해, 이런 것들을 우리는 실체라고 부른다). 그러나 오로지 이것들만이 실체들인지 혹은 다른 것들 또한 실체들인지, 혹은 이것들 중 어떤 것들이 혹은 다른 것들 중 어떤 것들 또한 실체들인지, 혹은 이것들 중 어떤 것도 아니고 이것들과는 다른 어떤 것들만이 실체인지를 살펴보아야만 한다. 그러나 어떤 사람들에게는,[8] 예를 들면 평면과 선, 점 그리고 유일자처럼, 물체의 한계들[9]이 실체이며, 물체τό σῶμα와 입방체τὸ στερεόν보다 더 많이 실체인 것으로 여겨진다. 더 나아가 어떤 부류의 사람들은[10] 이러한 종류가 감각적 지각 대상들 곁에 있다고 간주하지 않았지만, 다른 사람들은 있는 것들로서 영원한 것들을 더욱더 많이 실체라고 여겼다. 마치 플라톤이 형상들과 수학적 대상들을 두 개의 실체들로 간주했지만, 지각할 수 있는 물체들의 실체를 세 번째 실체라고 여긴 것과 같다.[11] 스페우시포스는 하나로부터 시작하는 것에서 많은 실체들과 실체 각각의 원리를 생각하는데, 한 개는 수들의 원리로, 다른 한 개는 크기의 원리로, 더욱이 영혼의 원리로 생각한다. 그리고 이러한 방식으로 실체들을 확장한다. 그러나 몇몇 사람들은[12] 한편으로는 형상들과 수들이 같은 본성을 가진 것이라고 말하고, 다른 한편으로는 천체의 실체와 감각적 지각 대상들에 이르기까지 다른 것들과 연결된 것들, 즉 선들과 평면들이 같은 본성을 가진 것이라고 말한다. 이것들에 관하여 어떤 것이 좋게 혹은 나쁘게 언급되고, 어떤 것들이 실체들이라고 언급되는지, 어떤 것들이 감각적 지각 대상들 곁에 있는지 혹은 있지 않은지, 그리고 이것들이 어떻게 있는지, 그리고 무엇 때문에 어떻게 감각적 지각 대상들 곁에 어떤 분리할 수 있는 실체가 있는지 혹은 아무것도 있지 않은지, 맨 먼저 실체란 무엇인지를 뿌리에서부터 살피면서 탐구해야만 한다.

3. 밑바탕으로서 실체

그러므로 실체는, 만일 여러 가지 의미로 이야기되지 않는다면, 오히려 대개 네 가지로 언급된다. 즉 무엇임τὸ τί ἦν εἶναι과 보편적인 것τὸ καθόλου 그리고 유τὸ γένος가 개별자의 실체인 것으로 여겨지며, 밑바탕τὸ ὑποκείμενον이 네 번째로 간주된다. 그러나 밑바탕은 자신에 의해서 다른 것들을 언급하지만, 밑바탕 자체는 결코 다른 것들에 의해서 언급되지 않는다. 이런 까닭에 먼저 밑바탕에 관하여 규정해야만 한다. 왜냐하면 무엇보다도 먼저 밑바탕이 실체인 것으로 여겨지기 때문이다. 그러나 어떤 의미에서는 질료ἡ ὕλη가, 그러나 다른 의미에서는 형태ἡ μορφή가,[13] 또한 제3의 의미에서는 이것들로 이루어진 것이 이러한 종류로 일컬어진다(그러나 나는 질료를 예를 들면 구리로, 형태를 이데아의 모양τὸ σχῆμα으로, 그리고 이것들로 이루어진 것을 〔일반적으로〕 인간상으로 여긴다). 따라서 만일 형상이 질료보다 더 앞서며 더 있는 것이라면, 형상은 같은 근거로 인하여 이 양자로부터 형성된 것보다 더 앞설 것이다. 확실히 실체는 밑바탕에 의해서 언급되지 않고 오히려 다른 것들이 이것에 의해서 기술되기 때문에, 형체에서 실체란 무엇인가 하는 물음이 생겨난다. 그러나 단지 이와 같은 의미에서만 말할 필요는 없다. 왜냐하면 이렇게 언급한 것이 충분하지 않기 때문이다. 즉 이러한 것 자체는 분명하지 않으며, 나아가 질료가 실체가 되기 때문이다. 왜냐하면 만일 질료가 실체가 아니라면, 무엇이 실체인지 다른 것은 없기 때문이다. 즉 다른 것들이 제거될 때 남겨진 것은 어떤 것도 보이지 않기 때문이다. 왜냐하면 다른 것들은 한편으로는 물체들의 경향성들, 작용된 것들 그리고 가능태들이며, 다른 한편으로는 양들로서 길이와 넓이 그리고 높이이지만 실체들은 아니며(왜냐하면 양은 실체가 아니기 때문에), 오히려 사물들을 실제로 있게 한 맨 처음의 것으로서의 무엇이 실체다. 그러나 확실히 길이와 넓이 그리고 높이를 제거한다면, 이것들에 의해서 정의된 것이 있다는 것을 제외하고, 우리는 남겨진 것을 아무것도 보지 못한다. 따라서 이와 같은 방식으로 탐구된 것들에서 질료를 유일한 실체로 보아야만 한다. 그러나 나는 질료 자체를 있는 것을 규정하는 어떤 것τὶ, 양, 혹은 다른 어떤 것으로도 언급되지 않는 것이라고 생각한다. 왜냐하면 질료는 사물들의 개별자가 틀 지어지는 어떤 것이며, 있음τὸ εἶναι은 사물들의 개별자와 그리고 틀 지음들과는 다른 것이기 때문이다(왜냐하면 다른 것들은 실체에 의해 틀 지어지지만, 실체는 질료에 의해 틀 지어지기 때문이다). 따라서 맨 마지막 것은 자체로 어떤 것도, 양도, 다른 어떤 것도 아니다. 확실히 이것들의 부정들은 없는데, 왜냐하면 이것들의 부정들은 우연적으로κατὰ συμβεβηκός 일어날 것이기 때문이다. 그러므로 이것들로부터 고찰할 때 질료가 실체라는 것에 이른다. 그러나 이러한 것은 불가능하다. 왜냐하면 분리할 수 있는 것과 여기 어떤 이것τὸ τόδε τι은 주로 실체에서 실제로 있는 것으로 여겨지기 때문이다. 그렇기 때문에 형상과 그리고 형상과 질료로 이루어진 것은 질료보다 더욱더 실체인 것으로 간주될 수 있을 것이다. 그러므로 이 두 가지로 이루어진 실체를, 나는 이것을 질료와 형태로 이루어진 실체라고 생각하는데, 배제해야만 한다. 왜냐하면 이러한 실체는 보다 더 나중이며 자명한 것이기 때문이다. 그러나 어떤 방식에서는 질료 또한 분명한 실체다. 그러나 세 번째의 실체에 대해서 살펴봐야만 한다. 왜냐하면 이것이 가장 난해한 실체이기 때문이다. 그러나 실체들은 감각적 지각 대상들의 어떤 것들임과 일치한다. 그러므로 먼저 이것들에서부터 탐구해야만 한다. 〖왜냐하면 보다 1029b3
더 잘 알 수 있는 것으로 나가는 것이 적합한 작용이기 때문이다. 즉 배움은 이와 같은 방법으로 모든 것들에서 본성적으로 보다 더 조금 아는 것들을 통해서 보다 더 많이 아는 것으로 된다. 그리고 이러한 것이 작용이다. 마치 행위들에 관하여 개별자에서 착한 것들로부터 순수하게 착한 것을 개별자에서 착한 것으로 만드는 것과 마찬가지로, 개별자에서 보다 더 잘 알 수 있는 것들로부터 본성에서 아는 것들을 개별자에서 아는 것으로 만드는 것이다. 그러나 개별자들에서 아는 것과 처음에 아는 것은 때때로 조금 아는 것이며, 있는 것
10 에 대해서 아주 적게 관계하거나 혹은 전혀 관계하지 못한다. 그럼에도 불구하고 언급한 것처럼, 이러한 것들 자체를 통해서 진행함으로써, 단순하게 알 수 있는 것으로부터 그러나 개별자에서 알 수 있는 것으로부터 일반적으로 알 수 있는 것을 알려고 시도해야만 한다.〕

4. 무엇임으로서 실체

1 그러나 얼마나 많은 방식으로 실체를 규정할 수 있는지 처
음에[14] 구별했기 때문에, 그리고 이것들 중 어떤 하나가 무
엇임τὸ τί ἦν εἶναι으로 여겨지기 때문에, 이것에 관해서 고
13 찰해야만 한다. 그리고 우선 이것에 관해 몇 가지를 논리적
으로 말하려고 한다. 왜냐하면 무엇임은 무엇임에 의해서 언
급되는 개별자에서 있기 때문이다. 즉 너에서 있음은 음악에
15 서 있음이 아니다. 왜냐하면 너 자체에서 너는 음악적이 아
니기 때문이다. 그러므로 너 자체에서 있음은 너의 무엇임이

다. 사실 이러한 것은 모든 것에서 그런 것은 아니다. 즉 표면에서 하얀 것처럼 이와 마찬가지로 자체에서 있음이 아니다. 왜냐하면 표면에서 있음은 하얀 것에서 있음이 아니기 때문이다. 그러나 사실 이들 양자로 이루어진 것, 즉 표면에서 하얀 것으로 있음은 무엇임이 아니다. 왜냐하면 이것은 무엇임에서 있기 때문이다. 그러므로 표면에서 하얀 것으로 있음이 개념으로서 무엇에서 있지 않으며, 이것이 무엇에서 일컬어지는 이 무엇은 개별자에서 무엇임의 개념이다. 그러므로 만일 표면에서 하얗게 있음이 표면이 매끄러운 것이라면, 하얗게 있음과 매끄러운 것은 같은 하나다. 그러나 또한 다른 틀들에서 함께 놓여 있는 것들이 있기 때문에(왜냐하면 어떤 밑바탕이 각각의 틀에서 있기 때문에, 예를 들면 질에서, 양에서, 시간에서, 장소에서 그리고 운동에서), 무엇임의 개념이 틀들의 각각에서 있는지를, 그리고 무엇임이 이것들에서 실제로 있는지를, 예를 들면 하얀 인간에게서〔무엇이 하얀 인간에게서 있는지를〕 탐구해야만 한다. 하얀 인간에게서 함께 있는 것을 겉옷이라고 이름 짓자. 겉옷에서 있음은 무엇인가? 그러나 확실히 이러한 것은 그 자체로 언급되는 것들 중 어떤 것도 아니다. 혹은 그 자체로 언급되지 않는 것은 두 가지로 일컬어진다. 덧붙여 있음τὸ ἐκ προςθέσεως과 그렇지 않은 것이 이러한 것에 속한다. 즉 한편으로는 덧붙여 있음이 다른 것에 놓여 있는 것은 규정된 것을 뜻한다. 예를 들어 만일 하얀 것으로 있음이 정의된 사람이라면, 하얀 인간의 개념을 뜻할 것이다. 다른 한편으로는 다른 것이 덧붙여 있음에 놓여 있는 것이다. 예를 들어 만일 겉옷이 하얀 인간을 나타낸다면, 그 사람은 하얀 것으로서 겉옷을 규정할 것이다. 그러
1030a 므로 하얀 인간은 하얀 것이다. 그렇지만 무엇임이 하얀 것으로 있음은 아니다. — 그러나 겉옷에서 있음은 어떤 것으로서 무엇임인가 혹은 단순히 무엇임인가? 혹은 아닌가? 왜냐하면 무엇임은 〈여기〉 어떤 무엇ὅπερ 〈τόδε〉 τι이기 때문이다. 그러나 다른 것이 다른 것에서 일컬어진 경우, 여기 어떤 무엇은 아니다. 예를 들어 만일 여기 이것τὸ τόδε이 실체들에서 단순히 실제로 있다면, 하얀 인간은 여기 어떤 무엇이 아니다. 그러므로 무엇임은 개념이 정의인 것들이다. 그러나 이름이 개념에서 같은 것을 표현한다면, 개념이 정의는 아니고(왜냐하면 만일 그렇지 않으면, 모든 개념은 정의들일 것이기 때문이다. 왜냐하면 이름은 어떠한 개념에도 있을 것이며, 따라서 《일리아스》는 정의일 것이기 때문에), 오히려 만일 맨 처음의 어떤 것으로부터 만들어진 것이라면, 개념들은 정의일 것이다. 그러나 이러한 것들은 어떤 것이 다른 것에서 언급되는 것에서 언급되지 않는다. 그러므로 무엇임은 유의 종들이 아닌 것에서 있지 않고, 오히려 단지 유의 종들에서만 있을 것이다(왜냐하면 이러한 것들은 참여하는 것과 경향성에서뿐만 아니라 덧붙여진 것으로서 일컬어지는 것으로 보이지 않기 때문이다). 그러나

확실히 만일 여기 이것이 여기 이것에서 실제로 있는 것이 혹은 단순한 개념 대신에 보다 더 엄밀한 개념이 이름이라면, 개념은 개별자로부터 만들어질 것이며 다른 것들의 무엇을 나타낼 것이다. 그러나 이러한 것은 정의나 무엇임은 아닐 것이다. 혹은 무엇인 것τὸ τί ἐστι처럼 정의 또한 여러 가지 의미로 일컬어지는가? 왜냐하면 무엇인 것은 한 가지 의미에서 실체와 여기 어떤 이것τὸ τόδε τι을 나타내지만, 다른 의미에서 틀 짓는 것들의 각각을, 즉 양, 질 그리고 다른 이러한 종류의 것들을 나타내기 때문이다. 즉 있다τὸ ἐστι가 모든 것에서 실제로 있는 것처럼, 그러나 동일한 방식으로가 아니라 오히려 한 개는 첫 번째로 다른 것들은 뒤따르는 것들로 실제로 있는 것처럼, 이와 같은 방식에서 무엇인 것은 한편으로는 단순히 실체에서 다른 한편으로는 다른 틀 짓는 것들에서 실제로 있는 것이다. 왜냐하면 질이 무엇인지를 우리는 물을 수 있을 것이기 때문이다. 따라서 질은 무엇들에 속한다. 그러나 단순히 무엇들이 아니라, 오히려 있지 않은 것τὸ μὴ ὄν에 관하여 어떤 사람들이[15] 있지 않은 것이라고, 그런데 단순히 있지 않은 것이 아니라 있지 않은 것으로서 있지 않은 것이라고 논리적으로 말한 것처럼, 질도 이런 식으로 있다.—그러므로 개별자에 관해 언급해야만 하는 방법을 반드시 탐구해야 한다. 확실히 이 방법은 사물이 관계하는 방법보다 많지 않다. 이런 까닭에 다만 언급된 것만이 분명하며,

무엇임은 마치 무엇τὸ τί이 단순히 무엇임이 아니라 오히려 질에서 혹은 양에서 무엇임인 것처럼 그렇게 처음에는 단순히 실체에서, 다음으로는 다른 것들에서 실제로 있다. 왜냐하면 마치 이해할 수 없는 것이 이해할 수 있는 것으로 말해지는 것처럼, 있는 것들은 같은 이름에서 혹은 더하고 뺀 것에서 같은 것들로 말해지는 것임에 틀림없기 때문이다. 반면에 옳음은 같은 이름에서도 같은 의미에서도 언급되지 않고 오히려 마치 치료하는 것이 관계에서τῷ πρὸς 한편으로는 하나이지만 다른 한편으로는 하나가 아닌 것처럼 그렇게 말해지지만, 그럼에도 불구하고 같은 이름에서 언급되지는 않는다. 왜냐하면 물체나 작용 혹은 도구는 같은 이름이나 하나에서καθ' ἓν가 아니라 오히려 하나에 관계해서πρὸς ἓν 치료하는 것이라고 일컬어지기 때문이다. 그러나 누군가가 어떤 방식에서 같은 것들로 설명하려고 하든지 간에 차이는 없다. 그러나 맨 처음의 단순한 정의와 무엇임이 실체들에 속한다는 것은 분명하다. 그렇지만 맨 처음의 정의와 무엇임을 제외한 다른 것들에서도 마찬가지다. 왜냐하면 만일 이러한 것을 받아들인다면, 이러한 것의 정의는 〈이름이〉 개념에서가 아니라 오히려 어떤 개념에서 같은 것을 나타낼 것임에 틀림없기 때문이다. 그리고 만일 이러한 것이 하나에 대한 정의라면, 그러나《일리아스》나 혹은 함께 묶인 것들처럼 연속하는 것에서가 아니라, 오히려 하나가 일컬어지는 다양한 의미에서, 하나에 대한 정의일 것이다. 그러나 하나τὸ ἕν는 있는 것τὸ ὄν처럼 일컬어진다. 그러나 있는 것은 한편으로는 여기 어떤 이것을, 다른 한편으로는 양을, 그리고 어떤 질을 나타낸다. 이런 이유 때문에 하얀 인간에 관한 개념과 정의가 있을 것이지만, 하얀 것의 그리고 실체의 개념과 정의는 다른 방식으로 있을 것이다.

5. 정의의 생겨남

그러나 만일 어떤 자가 정의ὁρισμόν를 더해지는 것으로부터 만들어진 개념이라고 말하고 싶지 않다면, 정의는 단순한 것들로부터가 아니라 함께 결합된 것들 중 어떤 것으로부터 만들어질 것이라는 어려움에 처한다. 왜냐하면 정의는 반드시 더해진 것으로부터 설명되기 때문이다. 그러나 나는 예를 들면 코와 구멍이 있으며, 들창코는 이 둘로부터 여기 이것이 여기 저것 안에서 일컬어지는 것이고, 덧붙여진 것에서가 아니라 오히려 자체에서 구멍과 들창코는 코의 경향성이라고 생각한다. 그러나 인간에게서 있음이 우연히 일어났던 칼리아스가 하얗기 때문에 하얀 것은 칼리아스에게서 혹은 인간에게서 있는 것이 아니라, 오히려 남성적인 것이 동물에서, 같은 것이 양에서, 그리고 일컬어지는 모든 것들이 자체에서 실제로 있는 것처럼 있다. 그러나 이러한 것은 개념 혹은 이러한 경향성을 갖는 이름이 그것들에서 실제로 있는 것들이며, 분리된 채로 설명될 수 없는 것들이다. 마치 하얀 것은 인간 없이 설명될 수 있지만, 여성적인 것은 동물 없이는 설명될 수 없는 것과 같다. 그러므로 무엇임과 정의는 이러한 것들 중 어떤 것에도 속하지 않거나, 혹은 만일 어떤 것에 속한다면, 우리가 언급한 것처럼, 다른 방식으로[16] 속할 것이다. 그러나 이것들에 관하여 이와는 다른 어려움이 있다. 왜냐하면 만일 들창코와 안장코가 동일한 것이라면, 코끝이 위로 들린 것과 콧구멍이 깊은 것이 동일한 것이기 때문이다. 그러나 만일 이것들이 동일한 것이 아니라면, 왜냐하면 경향성 자체가 속하는 사물 없이 위로 들린 것을 언급한다는 것은 불가능하기 때문에(즉 위로 들린 것은 코에서 깊이이기 때문에), 들창코란 위로 들린 코를 말하는 것이 아니거나 혹은 코가 구멍이 깊은 코라고 같은 것이 두 번 언급된 것이다(왜냐하면 들창코로서 코는 구멍이 깊은 코일 것이기 때문이다). 이 때문에 무엇임이 이러한 종류들에서 실제로 있다는 것은 적합하지 않다. 그러나 만일 이러한 것이 적합하다면, 우리는 어려움에 빠진다. 왜냐하면 들창코로서 코에는 아직 다른 것
1031a 이 있을 것이기 때문이다. 그러므로 정의는 단지 실체로부터만 만들어진다는 것이 명백하다. 왜냐하면 만일 정의가 다른 틀들로부터 만들어진다면, 예를 들면 〔질과〕 홀수로 만들어

진 것처럼, 더해진 것으로 만들어질 것임에 틀림없기 때문이다. 왜냐하면 홀수는 수ἀριθμός 없이, 여성적인 것은 동물 없이 있을 수 없기 때문이다(그러나 이러한 언급된 종류들에서처럼, 나는 동일한 것을 두 번 언급한 것이 발생한 경우에는 정의가 더해진 것으로 만들어진 것이라고 생각한다). 그러나 만일 이러한 것이 참이라면, 예를 들면 홀수의 수처럼 정의는 함께 묶인 것으로 만들어지지 않을 것이다. 그러나 개념들이 엄밀하게 언급되지 않기 때문에 우리는 이러한 것에 주목하지 않는다. 그러나 만일 정의들이 함께 묶인 것들로 만들어진다면, 정의는 다른 방식으로 있거나 혹은 이미 언급한 바에서처럼[17] 정의와 무엇임이 여러 가지 의미로 이야기되어야만 한다. 따라서 앞의 뜻에 따르면 정의와 무엇임은 단지 실체들로부터만 만들어지고 실제로 있을 것이며, 뒤의 뜻에 따르면 다른 틀들로부터 만들어지고 실제로 있을 것이다. 그러므로 정의란 무엇임의 개념이며, 그리고 무엇임은 유일하게 혹은 최고로, 맨 처음으로 그리고 단순히 실체들에 속한다는 것이 분명하다.

6. 무엇임과 개별자는 같은 것인가?

그러나 무엇임과 개별자가 같은 것인지 혹은 다른 것인지를 탐구해야만 한다. 왜냐하면 이것은 실체에 관한 탐구와 관련하여 유용한 것이기 때문이다. 왜냐하면 개별자는 자신의 실체와 다른 것으로 여겨지지 않으며, 그리고 무엇임은 개별자의 실체라고 일컬어지기 때문이다. 확실히 덧붙여진 것으로 일컬어지는 것들에서 무엇임과 개별자는 다른 것으로 간주될 것이다. 예를 들면 하얀 인간은 하얀 인간에서 있음과는 다르다(왜냐하면 만일 이것들이 같은 것이라면, 인간에서 있음과 하얀 인간에서 있음이 같은 것일 것이기 때문이다. 즉 언급한 바처럼, 인간과 하얀 인간이 같은 것일 것이다. 따라서 하얀 인간에서 있음과 인간에서 있음은 같은 것일 것이다. 혹은 같은 것들이 덧붙여진 것에서 있음은 필연적이지 않다. 왜냐하면 이와 같은 방식에서는 고유한 것들τὰ ἄκρα이 같은 것들이 되지 않기 때문이다. 그러나 예를 들면 하얀 것에서 있음과 음악적인 것에서 있음처럼, 이와 같이 덧붙여진 것으로 있는 것에서 고유한 것들은 같은 것들로 여겨질 것이다. 그러나 그렇게 여겨지지는 않는다). 그러나 자체들에서 언급되는 것들에서 무엇임과 개별자는 필연적으로 같은 것인가? 예를 들어 만일 다른 실체들이 아닌 그리고 더 앞선 〔다른〕 본성들이 아닌 어떤 실체들이 있다면, 어떤 이데아들을 무슨 종류의 이데아들이라고 부르는가? 만일 선 τὸ ἀγατόν 자체와 선에서 있음이, 그리고 동물 자체와 동물에서 있음이, 또한 있는 것에서 있음과 있는 것 자체가 다르
1031b 다면, 다른 실체들과 본성들 그리고 이데아들은 언급된 것들

을 벗어나서 있을 것이며, 그리고 만일 무엇임이 실체라면, 다른 실체들과 본성들 그리고 이데아들은 더 앞선 것들이고 〔더 많이〕 실체들일 것이다. 그리고 만일 선 자체와 선에서 있음이 서로 분리된다면, 이러한 것들의 학문은 있지 않을 것이며 다른 실체들과 본성들 그리고 이데아들은 있는 것들이 아닐 것이다(그러나 만일 선에서 있음이 선 자체에서 실제로 있지 않고, 선으로서 있음이 선 자체에서 실제로 있지 않다면, 나는 이러한 것을 서로 분리된 것으로 생각한다). 왜냐하면 개별자에서-무엇임을 우리가 아는 경우에 개별자의 학문이 있으며, 선에서처럼 다른 것들에서도 그렇게 관계하기 때문이다. 따라서 만일 선에서 있음이 선 자체가 아니라면, 있는 것에서 있음도 있는 것이 아니며 하나에서 있음도 하나가 아니다. 그러나 같은 방식으로 모든 것은 무엇임들이거나 혹은 아무 것도 아님이다. 따라서 만일 있는 것에서 있음이 있는 것이 아니라면, 다른 어떤 것도 무엇임이 아니다. 나아가 선에서 있음이 실제로 있지 않은 것은 선이 아니다. 그러므로 선과 선에서 있음은 그리고 좋은 것과 좋은 것에서 있음은 필연적으로 하나며, 〈또한〉 다른 것에서 언급되지 않고 오히려 자신에서 그리고 맨 처음의 것에서 언급되는 것들도 필연적으로 하나다. 왜냐하면 비록 형상들이 없을지라도, 오히려 대체로 형상들이 있다면, 이러한 것은 충분히 실제로 있을 것이기 때문이다(그러나 동시에 만일 어떤 자들이 언급한 이데아들이 있다면, 밑바탕은 실체가 아니라는 것이 분명하다. 왜냐하면 이데아들이 실체들이라는 것은 틀림없지만, 밑바탕에서 실체인 것이 아니기 때문이다. 왜냐하면 이데아들은 다른 것들에의 참여를 통해서 있을 것이기 때문이다).—그러므로 이러한 논의들로부터 덧붙여진 것으로써가 아닌 방식에서 개별자 자체와 무엇임은 하나이며 같은 것이고, 이러한 것이 개별자임을 이해하는 것은 무엇임을 이해하는 것이다. 따라서 마주함을 통해서 이 양자는 어떤 하나임에 틀림없다(그러나 덧붙여진 것에서 일컬어진 것은, 예를 들면 음악적인 것 혹은 하얀 것처럼, 두 가지 의미를 표현하기 때문에, 무엇임과 덧붙여진 것이 같은 것이라고 말하는 것은 참이 아니다. 왜냐하면 하얀 것과 덧붙여진 것이 우연히 만나는 것은, 그러므로 무엇임과 덧붙여진 것이 한편에서는 같은 것이며, 다른 한편에서는 같은 것이 아니기 때문이다. 즉 무엇임과 덧붙여진 것이 인간에서와 하얀 인간에서는 같은 것이 아니지만, 경향성에서는 같은 것이다). 그러나 비록 누군가가 개별자에 무엇임들의 이름을 붙여준다 할지라도 적절치 않을 것이다. 왜냐하면 한 개의 무엇임 곁에 다른 무엇임이 있을 것이기 때문이다. 예를 들면 말에서ἵππῳ 무엇임에 이것과는 다른 〔말에서〕 무엇임이 있을 것이다. 그렇지만 만일 무엇임이 실체라면, 지금 몇몇의 개별자들이 동시에 무엇임인 것을 무엇이 방해하는가? 그러나 사실 이것들은 하나일 뿐만 아니라, 또
1032a 한 언급된 것들로부터 명쾌해진 것처럼, 이것들의 개념은 같

은 것이다. 왜냐하면 단지 덧붙여진 것에서만 제외하면 하나에서 있음과 하나는 하나이기 때문이다. 더 나아가 만일 이것들이 다르다면, 무한히 계속될 것이다.[18] 왜냐하면 한 가지는 하나의 무엇임이며 다른 한 가지는 하나일 것이기 때문이다. 따라서 이것들에게 같은 논리가 적용될 것이다. 그러므로 맨 처음의 것들에서 그리고 자신에서 언급되는 것들에게 개별자에서 있음과 개별자는 같은 것이며 하나라는 것이 분명하다. 그러나 이렇게 파악한 것에 관한 소피스트적인 논박들과 소크라테스와 소크라테스에서 있음이 같은 것인지 어떤지가 같은 해법에서 풀어지는 것이 분명하다. 왜냐하면 어떤 자가 질문하게 될 이유들이나 해답에 도달하게 하는 것들이나 서로 아무런 차이가 없기 때문이다. 그러므로 무엇임이 개별자와 어떻게 같은 것인지 그리고 어떻게 같은 것이 아닌지가 언급되었다.

7. 생성에 관하여

생성되는 것들 중 한 가지는 자연에서φύσει, 한 가지는 기술에서τέχνη, 한 가지는 자발적인 것으로부터ἀπὸ ταὐτομάτου 생성된다. 그러나 모든 생성되는 것들은 어떤 것에 의해서, 어떤 것으로부터 그리고 무엇이 생성된다. 그러나 나는 이 무엇τὸ τι을 각각의 틀 지음κατηγορίαν에 따라서 생각한다. 왜냐하면 무엇은 여기 이것τόδε 혹은 양 혹은 질 혹은 장소이기 때문이다. 그러나 자연적인 생겨남 자체들은 자연으로부터 생겨나는 것들이며, 질료라고 부르는 것을 생겨나게 하는 것이고, 자연에서 있는 것들 중 어떤 것을 생겨나게 하는 것이며, 그리고 인간 혹은 식물 혹은 이러한 종류들의 다른 어떤 것, 물론 특히 우리가 실체들이라고 부르는 것들이다.—그러나 자연에서 혹은 기술에서 생성되는 모든 것들은 질료와 관계한다. 왜냐하면 생성되는 것들 각각은 있음도 있지 않음도 가능한데, 이러한 섯은 개별자 안에 있는 질료 때문이다.—그러나 일반적으로 어떤 것이 생성될 때 무엇으로부터와 무엇에서는 자연이며(왜냐하면 생성되는 것은, 예를 들면 식물 혹은 동물처럼, 자연과 관계하기 때문에), 무엇에 의해서는 형상에서 일컬어지는 같은 종의 자연이다(그러나 이 자연은 다른 개별자 안에 있다. 왜냐하면 인간이 인간을 낳기 때문이다). 그러므로 같은 의미에서 자연에 의해서 생성되는 것들은 생성되지만, 다른 생성들은 만듦들αἱ ποιήσεις이라고 일컬어진다. 그러나 모든 만듦들은 기술에 의해서 혹은 가능태에 의해서 혹은 사유에 의해서 일어난다. 이것들 중 어떤 것들은 자발성에 의해서 그리고 우연에 의해서ἀπο τύχης 생성되는데, 자연에서 생성되는 것들과 유사하게 생성된다. 왜냐하면 거기에서 몇몇은 씨앗으로부터 또는 씨앗 없이 생성되

기 때문이다. 그러므로 이것들에 관하여 나중에[19] 탐구해야
만 하지만, 형상이 영혼 안에 있는 것들은 기술에 의해서 생 1032b
성된다(그러나 나는 형상을 개별자의 무엇임이며 맨 처음의 실체라고 생각한다). 또한 어떤 의미에서 대립자들의 형상은 같은 것이다. 즉 결핍의 실체는 결핍과 반대로 놓여 있는 실체와 같다. 예를 들면 건강함의 실체는 질병의 실체와 같다. 왜냐하면 질병은 건강함의 결핍에서 발생하기 때문이다. 그러나 건강함은 영혼 안에 있는 개념이며 학문이다. 그리고 건강한 상태는 그와 같이 생각하는 것으로부터 된다. 여기 이것τοδὶ이 건강함이기 때문에, 만일 여기 이것이 건강하다면, 여기 이것이 실제로 있어야만 한다. 예를 들면 한결같음이다. 만일 이러한 것이 일어난다면, 따뜻함이 실제로 있어야만 한다. 그리고 마지막으로 작용이 가능해진 것으로 이끌 때까지 같은 방식에서 항상 생각하는 것이다. 그러므로 이러한 것에 의한 운동, 즉 건강함으로 이끄는 운동은 만듦ποίησις이라고 불린다. 따라서 어떤 의미에서 건강함은 건강함으로부터 되고 집은 집으로부터 지어지며 질료와 관계하는 것은 질료 없이 있는 것으로부터 만들어진다는 것에 이른다. 왜냐하면 치료 기술과 건축 기술은 건강과 집의 형상이며, 나는 질료 없는 실체를 무엇임이라고 생각하기 때문이다.

그러나 생성들과 운동들로부터 한 가지는 사유ἡ νοήσις라고, 다른 한 가지는 만듦이라고 부른다. 한편으로는 원리와

형상에 의해서 사유가, 그리고 다른 한편으로는 사유의 끝남으로부터 만듦이 일어난다. 그러나 또한 다른 중간자들의 각각이 같은 방식에서 생겨난다. 그러나 예를 들면 만일 건강해지려면 한결같아져야만 한다고 나는 생각한다. 사실 한결같아진다는 것은 무엇인가? 여기 이것τοδί이다. 그러나 만일 따뜻해진다면, 이러한 것이 될 것이다. 그러나 이러한 것은 무엇인가? 여기 이것이다. 그리고 여기 이것은 가능태에서 실제로 있다. 그러나 가능태에서 있는 것은 이미 그에게서 있다. 그러므로 작용하는 것과 건강하게 만들어주는 운동을 시작하는 것은, 만일 기술에 의해서라면, 영혼 안에 있는 형상이지만, 만일 자발적인 것에 의해서라면, 기술에 의해 작용한 것에서 작용함의 시작은 자발성에 의해서 된다. 마치 치료할 때 따뜻하게 하는 것에 의해서 시작이 되는 것과 같다(그러나 이러한 것은 문지름에 의해서 만들어진다). 그러므로 육체 안에 있는 열은 건강함의 부분이거나, 혹은 〈직접적으로 혹은〉 더 많은 것들을 통해서 건강함의 부분인 이러한 종류의 어떤 것과 건강함에서 일치하는 것이다. 그러나 이러한 것은 부분을 만드는 것으로서 맨 마지막 것이며 〈다시〉 이와 같은 방식에서 건강함의 부분이, 그리고 집의 부분(예를 들면 돌들)이 또한 다른 것들의 부분이 맨 마지막 것이다. 따라서 언급한 것처럼, 만일 아무것도 미리 앞에 있지 않다면, 어떤 것도 생성될 수 없다. 그러므로 어떤 부분이 필연적으로 앞서 있을 것이라는 것은 분명하다. 왜냐하면 질료는 부분이기 때문이다(즉 질료는 생성하는 것 안에서 있으며 자체가 되기 1033a
때문이다). 그러나 또한 질료는 개념에서 있는 것들의 부분인가? 그러나 광석으로 만든 둥근 것들이 무엇인지를 우리는 두 가지로 말한다. 즉 그것을 광석이라고 말할 때 우리는 질료를 말하는 것이며, 여기 이러한 종류의 모양새σχήμα라고 말할 때 형상을 말하는 것이다. 그리고 이 모양새는 맨 처음에 세워졌던 유τὸ γένος이다. 사실 광석으로 만든 둥근 것은 개념에서 질료와 관계한다.—그러나 생성되는 경우에, 질료로서 무엇으로부터 생성된 몇몇을 광석이 아니라 광석으로 만들어진 것이라고 부른다. 예를 들면 인간상은 돌이 아니라 돌로 만들어진 것이다. 그러나 건강한 인간은 무엇으로부터 건강해진 인간이라고 불리지 않는다. 그러나 건강해진 이유는 결핍과 우리가 질료라고 부르는 밑바탕으로부터 건강해진 것이다(예를 들면 인간과 아픈 사람은 건강해진다). 그렇지만 오히려 결핍으로부터 생성된다고 말해진다. 예를 들면 아픈 사람으로부터 혹은 사람으로부터 건강하게 된다. 이 때문에 건강한 사람을 아픈 사람이라고 말하지 않지만, 인간이라고, 또 건강한 인간이라고 말한다. 그러나 예를 들면 광석에서 어떤 종류건 모형의 결핍 혹은 건축용 돌과 나무에서 집의 결핍처럼, 마치 저기 아픈 사람으로부터 건강한 사람이 되는 것같이, 분명하지 않고 이름조차 없는 결핍된 것들로부터 생성이 일어나는 것으로 여겨진다. 이 때문에 저기에서 모형이 광석을 생성시킨 것이 아니며, 광석으로 일컬어지지도 않는 것처럼, 여기에서 인간상은 나무가 아니라 나무로부터 이끌어진 것이며, 나무라고 일컬어지지도 않는다. 그리고 광석으로부터 만들어진 것이지 광석이 아니며, 또한 돌로부터 만들어진 것이지 돌이 아니다. 그리고 집은 건축용 돌로부터 만들어진 것이지 건축용 돌들이 아니다. 인간상이 나무로부터 혹은 집이 건축용 돌들로부터 생겨나는 것이기 때문에, 만일 누군가가 엄밀하게 관찰할 수 있다면, 단순히 생성에 관하여 그렇게 말하지는 않을 것이다. 왜냐하면 생성은 아래에 머물러 있는 것으로서 무엇으로부터가 아니라 오히려 변화하는 것으로서 무엇으로부터 생성됨에 틀림없기 때문이다. 그러므로 이러한 것은 이와 같은 방식으로 언급된다.

8. 생성 : 형상에 관하여

그러나 생성되는 것은 어떤 것에 의해서(그러나 이러한 것을 나는 생성의 원리가 무엇으로부터인 것이라고 생각한다), 어떤 것으로부터(그러나 이러한 것을 결핍이 아니라 오히려 질료라고 하자. 왜냐하면 우리가 어떤 의미에서 질료라고 언급하는지 이미 규정했기 때문에) 그리고 어떤 것이 생성되기 때문에(이러한 것은 구, 원 혹은 다른 것들로부터 우연히 된 어떤 것인데), 어떤 사람도 밑바탕, 즉 광석을 만들지는 못하는 것처럼, 이와 같은 의미에서 덧붙여진 것에서κατὰ συμβεβηκὸς 만들어지는 것을 제외하고는 구를 만들지 못한다. 왜냐하면 광석으로 만들어진 구는 구이며, 이러한 구를 만들 뿐이기 때문이다. 즉 여기 어떤 이것을 만드는 것은 단순히 밑바탕으로부터 여기 어떤 이것을 만드는 것이다(그러나 광석으로 된 둥근 것을 만드는 것은 둥근 것 혹은 구를 만드는 것이 아니라 오히려 이와는 다른 어떤 것, 즉 다른 것에서 형상을 만드는 것이라고 나는 생각한다. 왜냐하면 만일 형상을 만든다면, 다른 어떤 것으로부터 만들 것이기 1033b
때문이다. 왜냐하면 다른 어떤 것이 바탕에 놓여 있기 때문이다. 예를 들면 우리는 광석으로 된 구를 만든다. 그러나 광석으로 된 구는 같은 방식에서 광석인 여기 이것으로부터 구인 여기 이것을 만든 것이다). 그러므로 만일 또한 밑바탕 자체를 만든다면, 같은 방식으로 만들 것이며, 생성이 끝없이 계속될 것이라는 것은 자명하다. 그러므로 형상은, 혹은 감각적 대상에서 있는 형태라고 불러야만 하는 것은 무엇이든, 생성되지 않으며, 밑바탕의 생성은 있지 않고, 무엇임도 생성되지 않는다는 것은 분명하다(왜냐하면 이러한 것은 다른 것에서 기술에 의해 혹은 자연에 의해 혹은 가능태에 의해 생성되는 것이기 때문이다). 그러나 우리는 광석으로 된 구인 것을 만든다. 왜냐하면 광석으로 된 구는 광석과 구로부터 만들기 때문이다. 즉 형상을 여기 이것으로 만들며, 이러한 것은 광석으로 만들어진 구다. 그러나 만일 단순히 구에서 있음으로부터 생성이 일어난다면, 어떤 것은 어떤 것으로부터 생겨날 것이다. 왜냐하면 생성되는 것은 항상 분할할 수 있어야만 하며, 한 개는 여기 이것 그리고 다른 한 개는 다른 이것이어야만 하기 때문이다. 그러나 나는 한 개는 질료이며 다른 한 개는 형상이라고 생각한다. 그러므로 만일 구가 중심으로부터 같은 거리에 있는 모양새라면, 이러한 것의 한 가지는 만드는 것이 그 안에 있을 그것이며, 다른 한 가지는 저것 안에 있을 그것이고, 또한 가지는 예를 들면 광석으로 만들어진 구처럼 생성된 전체다. 그러므로 언급된 것들로부터 한편으로 형상 혹은 실체로서 언급된 것은 생성되지 않으며, 다른 한편으로 형상 혹은 실체에서 언급되는 것으로서 구체적인 것ἡ σύνολος은 생성된다는 것, 그리고 질료는 모든 생성된 것 안에 있으며, 한편에서는 여기 이것 다른 한편에서는 여기 저것이라는 것은 자명하다.—사실 구가 여기 이런 구들 없이, 혹은 집이 건축용 돌들 없이 있겠는가? 혹은 만일 이러한 방식으로 있다면, 여기 어떤 이것τόδε τι은 한 번도 생성되지 못할 것인지, 혹은 오히려 형상은 이러한 종류를 나타낼 뿐이지만, 여기 이것도 규정된 것도 아닌 오히려 여기 이것으로부터 이러한 종류를 만들고 생성하는가? 그리고 생성되는 경우에, 생성된 것은 이러한 종류로서 여기 이것인가? 그러나 전체로서 여기 이것은, 칼리아스 혹은 소크라테스처럼, 여기 광석으로 만들어진 구처럼 있지만, 인간과 동물은 단순히 광석으로 만들어진 구처럼 있다. 그러므로 어떤 자들이 습관적으로 형상들을 언급한 것처럼, 만일 형상이 개별자들 밖에서 있다면, 형상들의 원인이 생성들과 실체들을 위해 아무 쓸모가 없다는 것은 아주 자명하다. 이 때문에 형상들이 자체로 실체들은 아닐 것이다. 그러므로 이러한 것들로부터 생성하는 것은 생성되는 것과 같은 종류인데, 그렇지만 수에서 같은 것 혹은 하나가 아니라 오히려 형상에서 같은 것이며 하나라는 것은, 예를 들면 자연물들에서—왜냐하면 인간이 인간을 낳기 때문에—말이 노새를 낳는 것처럼, 본성에 위배되는 어떤 것을 생성할 수는 없을 것이라는 것을 분명히 보여준다(그렇지만 이것들은 유사하다. 왜냐하면 말과 당나귀에서 공통적일 수 있는 것, 즉 가장 가까운 유가 명명되지 못하지만, 노새처럼, 사실은 둘이 있을 것이기 때문이다). 따라서 베끼는 상으로서 형상을 만들 필요가 없다는 것은 자명하다(왜냐하면 무엇보다도 자연물들에서 형상이 계속 탐구되었을 것이기 때문이다. 왜냐하면 자연물들이 가장 실체들이기 때문이다). 그러나 낳는 것이 생산하고 형상의 원인이 질료 안에 있는 것이 적절하다는 것 또한 자명하다. 그러나 전체는 이미, 여기 이러한 종류의 형상이 여기 이러한 살과 뼈에서 있는 것, 칼리아스와 소크라테스이다. 그리고 전체가 서로 다른 것은 사실상 질료 때문이지만(왜냐하면 질료가 다르기 때문에), 형상에서는 서로가 같은 것이다(왜냐하면 형상은 분할할 수 없는 것이기 때문이다).

9. 자발성에 의한 생성

그러나 어떤 사람은 무엇 때문에 한편으로는 건강처럼 기술과 자발성에서 생성되고, 다른 한편으로는 집처럼 이러한 것들에서 생성되지 않는지를 물을 수 있을 것이다. 그러나 그 원인은 사물의 부분을 성장시키는 기술에 의해서 생성되는 것들을 만들고 생성시킬 때 질료가 생성의 시작이기 때문이다.—이에 관한 것은 한편으로는 자신에 의해서 운동되며 다른 한편으로는 그렇지 않다. 그리고 자신에 의해서 운동되는 것의 일부는 규정된 방식에서 가능하지만 일부는 불가능하다. 왜냐하면 많은 것들이 자신들에 의해서 운동됨이 가능하지만, 춤추는 것과 같은 방식으로는 운동되지 않기 때문이다. 물론 질료가 이러한 종류인 많은 것들이, 예를 들면 돌들처럼, 만일 다른 것에 의해서 운동되지 않는다면, 이러한 방식으로 운동될 수 없지만, 확실히 다른 방식으로 〔불은〕 운동될 수 있다. 이런 이유 때문에 어떤 것들은 기술과 관계하지 않고는 있지 못할 것이며, 어떤 것들은 기술과 관계하지 않고 있을 것이다. 왜냐하면 기술과 관계하지 않는 것들은 기술과 관계하지 않는 것들에 의해서 운동될 것이지만, 이것들은 기술과 관계하지 않는 다른 것들에 의해서 혹은 부분들에 의해서 운동됨이 가능한 것들이기 때문이다. 그러나 언급된 것으로부터 어떤 의미에서는, 만일 덧붙여진 것에서 생성되지 않는다면, 마치 자연에서 생성된 것들처럼 모든 것은 같은 이름으로부터〔혹은 같은 이름의 부분으로부터〕(예를 들면 정신에 의하여 구성되는 한에서 집은 집으로부터. 왜냐하면 기술이 형상이기 때문에), 혹은 〈같은 이름의〉 부분으로부터 혹은 어떤 부분과 관계하는 것으로부터 생성된다는 것이 분명하다. 왜냐하면 자신에서 맨 처음 작용하는 것의 원인은 부분이기 때문이다. 즉 운동으로 열이 발생하는 것은 육체가 작용했기 때문이다. 그러나 이 열은 건강함이거나 혹은 건강함의 부분이다. 혹은 건강의 부분이 혹은 건강 자체가 열에 뒤따르는 것이다. 이런 이유로 열에 뒤따르며 함께하는 것이 〔건강함을〕 만드는 것을 작용ποιεῖν이라고 말하는 것이다. 따라서 논리적 결론들에서처럼, 실체는 모든 것들의 시작·원리이다. 왜냐하면 무엇인 것으로부터 논리적인 결론들이 이끌어지며, 여기에서 생성들이 일어나기 때문이다. 그러나 또한 자연에서 함께 놓여 있는 것들은 이러한 것들에서와 같은 방식으로 관계한다. 씨앗은 기술에 의해 작용하는 것들처럼 작용하기 때문인데, 왜냐하면 씨앗은 가능태에서 형상과 관계하며, 씨앗을 운동시키는 것과는 어떤 방식에서 같은 이름이기 때문이다. 왜냐하면 인간이 인간으로부터 생성되는 것처럼 이와 같은 방식으로 모든 것을 탐구해야만 하는 것은 아니기 때문이다. 즉 여자는 남자로부터 태어나기 때문이다〖만일 남자가 불구가 아니라면. 이런 이유 때문에 노새는 노새로부터 태어나는 것은 아니다〗. 그러나 기술에 의해서처럼 자발성에 의해서 생성되는 것들은 씨앗이 운동하는 이러한 운동을 질료가 자신에 의해서 운동할 수 있는 것들이다. 그러나 자발성에 의해 생성되지 않는 것들은 인간이 인간으로부터 이외에 다른 방법으로는 생성될 수 없다.—〖그러나 실체에 관한 논의는 형상이 생성되지 않는다는 것을 증명할 뿐만 아니라, 양, 질 그리고 다른 틀들에 관한 논의와 마찬가지로 모든 맨 처음의 것들에 관한 논의는 공통으로 적용된다. 왜냐하면 만일 생성된다면, 구나 광석이 아닌 광석으로 만들어진 구가, 그리고 광석에서 생성되는 것처럼(왜냐하면 질료와 형상은 언제나 미리 있어야만 하기 때문에), 그와 같은 방식으로 무엇에서 그리고 질과 양과 마찬가지로 다른 틀들에서 생성되기 때문이다. 왜냐하면 질이 생성되는 것이 아니라 오히려 그러한 질의 나무가 생성되며, 양이 생성되는 것이 아니라 그러한 양의 나무 혹은 동물이 생성되기 때문이다. 그러나 이로부터 실체의 고유성은, 만일 작용하는 실체가 있다면, 이것과는 다른 실체가 완성태에서 미리 있어야만 한다는 것을 받아들인다. 예를 들어 만일 동물이 생성된다면, 이것과는 다른 동물이 완성태에서 미리 있어야만 한다. 그러나 질 혹은 양은 단지 가능태에서 미리 있는 것 이외에 달리 필연적으로 있지는 않다.〕

10. 부분과 전체의 정의, 이것들의 우선성

그러나 정의가 개념이며, 모든 개념이 부분들과 관계하지만, 개념이 사물과 관계하는 것처럼 그렇게 개념의 부분은 사물의 부분과 관계하기 때문에, 결국 부분들의 개념이 전체의 개념 안에 있어야만 하는지 혹은 그렇지 않은지 하는 어려운 문제에 빠진다. 왜냐하면 몇몇들로부터는 안에 있는 것들이 자명하게 여겨지지만, 몇몇들로부터는 그렇지 않기 때문이다. 왜냐하면 사실 원의 개념은 잘라진 것들의 개념과는 관계하지 않지만, 음절의 개념은 기초 요소의 개념과 관계하기 때문이다. 그렇지만 음절이 기초 요소로 나누어진 것처럼, 원 역시 잘라진 것들로 나누어진다. 그러나 더 나아가 만일 부분들이 전체보다 더 앞선 것들이라면, 그리고 예각이 직각의 부분이며 손가락이 동물의 부분이라면, 예각은 직각보다 더 앞설 것이며 손가락은 인간보다 더 앞설 것이다. 그러나 전체, 직각, 인간이 더 앞서 있는 것으로 여겨진다. 왜냐하면 개념에서 앞의 것들은 뒤의 것들에 근거하여 일컬어지며, 뒤의 것들은 앞의 것들 없이 있을 수 있어서 더 앞선 것으로 일컬어지기 때문이다.—그 밖의 부분은 여러 가지 의미로 일컬어진다. 이들 중 한 가지 의미는 양에서 측정하는 것이다.—그러나 이러한 것은 무시하자. 그러나 실체가 부분들로서 무엇으로 구성되었는지, 이러한 것을 탐구해야만 한
1035a 다. 만일 한편에서는 질료가 다른 한편에서는 형상이 또 다른 한편에서는 이것들로부터 생성된 것이 있으며, 질료와 형상과 이것들로부터 생성된 것이 실체라면, 한편에서는 질료가 어떤 것의 부분이라고 일컬어지며, 다른 한편에서는 그렇지 않고 오히려 형상의 개념을 구성하는 것이라고 일컬어진다. 예를 들면 살은 한편으로는 콧구멍의 부분이 아니며(왜냐하면 살은 콧구멍이 생성되는 질료이기 때문에), 다른 한편으로는 들창코의 부분도 아니다. 그리고 광석은 구체적인 인간상의 부분이지만, 형상으로서 언급된 인간상의 부분은 아니다(왜냐하면 형상과 그리고 형상과 관계하는 한에서 개별자는 부분으로 일컬어졌음에 틀림없지만, 질료적인 것은 어느 한 번도 자체로 분명히 그렇게 일컬어지지 않았기 때문이다). 이런 이유에서 원의 개념은 원의 잘라진 것들의 개념과 관계하지 않지만, 음절의 개념은 기초 요소들의 개념과 관계한다. 왜냐하면 개념의 기초 요소들은 형상의 부분들이고 질료는 아니지만, 잘라진 것들은 생겨나게 하는 질료처럼 이러한 의미에서 부분들이기 때문이다. 그러므로 이것들은 둥근 것이 광석에

서 생성되는 경우에 광석보다 형상에 더 가깝다. 그러나 음절의 모든 기초 요소들이, 예를 들면 여기 이런 증폭된 음절의 기초 요소들 혹은 공기 중에 있는 음절의 기초 요소들처럼, 개념 안에서 있지는 않을 것이다. 왜냐하면 결국 이러한 기초 요소들은 감각적 지각 대상인 질료로서 음절의 부분이기 때문이다. 또한 만일 선이 절반으로 분해되어 소멸된다면, 혹은 인간이 뼈와 근육과 살로 분해되어 소멸된다면, 이런 이유 때문에 선 혹은 인간은 실체의 부분들로부터 생성되는 것처럼 이와 같은 의미에서 분해된 부분들로부터 생성되지 않고, 오히려 질료로부터 생성되는 것처럼 분해된 부분들로부터 생성된다. 그리고 분해된 부분들은 구체적인 것의 부분들이지만, 형상의 부분들 혹은 개념을 이루는 것의 부분들은 아니다. 이 때문에 분해된 부분들은 개념들에서 있지 않다. 그러므로 이러한 종류의 부분들의 개념들이 개념들 중에 있겠지만, 그러나 〖만일 함께 파악된 것으로 이루어지지 않았다면,〗 이러한 개념이 꼭 있는 것은 아니다. 이 때문에 몇몇은 부분들로 사라지는 시작 · 원리로서 이것들로부터 생겨나지만, 몇몇은 그렇지 않다. 그러므로 형상과 질료가 함께 파악된 것들, 예를 들면 들창코 혹은 광석으로 만들어진 원처럼, 이것들은 부분들로 소멸되며 질료는 그것들의 부분이다. 그러나 질료에서 파악되지 않고 오히려 질료 없이 있는 것들, 개념들이 오로지 형상들에만 속한 것들, 이것들은 단순히 혹은 어쨌든 이와 같은 의미에서 소멸되지 않는다. 따라서 질료 없이 있는 것들은 형상과 질료가 파악된 것들의 시작·원리들이며 부분들이지만, 형상의 부분들이나 시작·원리들은 아니다. 그리고 이러한 이유 때문에 진흙으로 만든 인간상은 진흙으로, 구는 광석으로 그리고 칼리아스는 살과 뼈로 소멸된다. 더 나아가 원은 잘라진 것들로 소멸된다. 왜냐하면 이것들은 질료에서 함께 파악된 것이기 때문
1035b 이다. 즉 개별자에서 일컬어지는 원들에게 고유한 이름이 없기 때문에, 일반적으로 일컬어지는 원과 개별자에서 일컬어지는 원이 같은 이름으로 불린다.—그러므로 지금 이미 참 τὸ ἀληθές이 또한 언급되었을 것이다. 그러나 다시 한번 반복함으로써 우리는 보다 더 엄밀하게 말하려고 한다. 왜냐하면 개념의 부분들이자 개념이 분할된 것, 이러한 것들은 전체보다 혹은 몇몇보다 더 앞선 것들이기 때문이다. 그러나 직각의 개념은 예각의 개념으로 분할되지 않고, 오히려 예각의 개념이 직각의 개념으로 분할된다. 왜냐하면 예각을 정의하는 사람은 직각을 이용하기 때문이다. 즉 예각은 직각을 보다 작게 만든 것이기 때문이다. 그러나 원과 반원 또한 이와 같은 방식으로 관계한다. 왜냐하면 반원은 원에서 정의되며 손가락은 전체에서 정의되기 때문이다. 즉 손가락은 인간의 그러그러한 부분이다. 그러므로 질료로서 부분들과 질료로 분할되는 것처럼 분할되는 부분들은 전체 혹은 몇몇보다

나중의 것이다. 그러나 개념의 부분들이자 개념에 따른 실체의 부분들로서 부분들은 전체 혹은 몇몇들보다 더 앞선 것들이다. 그러나 동물들의 영혼이(왜냐하면 이러한 것은 살아 있는 것의 실체이기 때문에) 이러이러한 물체에서 개념에 따른 실체이며 형상이고 무엇임이기 때문에(만일 개별자, 즉 〔부분이〕 올바르게 정의된다면, 확실히 감각적 지각 대상 없이 실제로 있을 수 없는 것은 작용 없이 정의될 수 없을 것인데), 영혼의 부분들은 구체적인 동물의 전체 혹은 몇몇보다 더 앞선 것들이다. 그리고 개별자에서도 사실 마찬가지다. 그러나 물질과 물질의 부분들은 이러한 물질의 실체보다 더 나중의 것이다. 그리고 실체가 아니라 구체적인 것이 질료로 분할되는 것처럼 부분들로 분할된다.—그러므로 질료로서 부분들은 한편으로는 구체적인 것보다 더 앞서지만, 다른 한편으로는 그렇지 않다(왜냐하면 이것들은 전체로부터 분할될 수 없기 때문이다. 즉 모두에서 관계하는 손은 살아 있는 것의 손이 아니라, 오히려 같은 이름에서 죽은 손이기 때문이다). 그러나 중요한 부분이며 개념과 실체가 맨 처음의 것으로서 그것에서 생겨나는, 예를 들면 심장 혹은 뇌처럼, 몇몇의 부분들은 구체적인 것과 동시에 생성한다. 왜냐하면 부분과 전체 중 이러한 종류가 어떤 것인지 구별하지 못하기 때문이다. 그러나 인간과 말과 그리고 개별자들에서 그러나 보편적으로 관계하는 이와 같은 것들은 실체가 아니라 오히려 보편적인 것으로서, 여기 이런 개념과 여기 이런 질료로부터 생성된 구체적인 어떤 것이다. 그러나 소크라테스는 맨 마지막의 질료로부터 개별자로 곧바로 생성된다. 그리고 다른 것들에서도 마찬가지다.—그러므로 형상(그러나 나는 형상을 무엇임이라고 생각하는데) 그리고 형상과 질료로부터 생성된 구체적인 것 〈그리고 질료〉 자체의 부분이 있다. 그러나 개념의 부분들은 단지 형상의 부분들일 뿐이다. 그리고 개념은 보편적인 것에 속한다. 왜냐하면 원에서 있는 것과 원은 그리고 영혼에서 있음과 영혼은 같은 것이기 때문이다. 그렇지만 정의는 구체적인 것으로부터, 예를 들면 여기 이 원으로부터 그리고 개별자들 중 감각적 지각의 혹은 사유적인 것의 어떤 것으로부터—그러나 나는 사유적인 것의 예가 수학적인 것이라고, 그리고 감각적 지각의 예가 광석과 나무들이라고 생각하는데—이러한 것들로부터 있지 않지만, 우리는 사유 혹은 감각적 지각을 통해서 구체적인 것들을 알게 된다. 그러나 이러한 구체적인 것들이 완전태로부터 벗어났을 때 있는지 혹은 있지 않은지는 분명하지 않다. 그러나 이러한 구체적인 것들은 언제나 보편적인 개념에서 언급되며 알려진다. 그러나 질료는 자체에서 알 수 없다. 〚그러나 질료는 한편으로는 감각적으로 지각할 수 있는 것이며 다른 한편으로는 사유할 수 있는 것이다. 감각적으로 지각할 수 있는 질료는 예를 들면 광석과 나무 그리고 운동할 수 있는 질료이며, 사유할 수 있는 질료는 감각적으로 지각할 수 있는 것들이 아닌 한에서 감각적 지각 대상들에 실제로 있는 것, 예를 들면 수학적인 것들이다.〗 그러므로 어떻게 질료가 전체와 부분 그리고 보다 앞선 것과 보다 나중의 것과 관계하는지를 언급했다. 그러나 누군가는 직각과 원과 동물은 이것들이 분할되고 생성되는 부분들보다 더 앞서는 것이냐는 물음에, 이러한 물음에 대한 답이 단순하지 않기 때문에, 부딪힐 것이 틀림없다. 왜냐하면 만일 영혼이 동물이거나 혹은 살아 있는 것이라면, 혹은 개별자의 영혼이 개별자라면, 그리고 원은 원에서 있음이고 직각은 직각에서 있음이며 직각의 실체라면, 사실 어떤 것이 어떤 것보다 더 나중이라고 말해야만 하기 때문이다. 예를 들면 개념에서 부분들보다 그리고 어떤 직각보다 더 나중이라고 말해야만 한다(왜냐하면 질료와 함께 있는 직각, 즉 광석으로 만들어진 직각과 개별자들에 따라 선들에서 있는 직각은 더 나중이기 때문이다). 그러나 질료 없는 직각은 개념에서는 부분들보다 더 나중이지만 개별자에서는 부분들보다 더 앞선다. 그러나 단순하게 답변해서는 안 된다. 그러나 만일 영혼이 동물이 아닌 다른 것이라면, 언급한 바와 같은 방식으로, 한편으로는 보다 더 앞선 것이라고 말해야 하며 다른 한편으로는 보다 더 나중의 것이라고 말해야만 한다.

11. 형상, 질료 그리고 구체적인 것의 부분에 관하여

그러나 어떤 종류들이 형상의 부분들이며 어떤 종류들이 형상의 부분들이 아니라 함께 파악된 것의 부분들인지는 본질적으로 어려운 문제다. 그렇지만 이러한 것이 분명하지 않으면 개별자를 정의할 수 없다. 왜냐하면 정의는 보편적인 것과 형상으로부터 만들어지기 때문이다. 사실 어떤 종류가 질료로서 부분들이며 어떤 종류가 아닌지, 만일 이러한 것이 분명하지 않다면, 사태의 개념도 분명하지 않을 것이다. 그러므로 형상이 다른 것들에서 생성되는 것들로 여겨지는 경우에, 예를 들면 원이 광석에서 돌에서 그리고 나무에서 만들어지는 것처럼, 원이 이것들로부터 분리되기 때문에 광석도 나무도 원의 실체의 부분이 아니라는 것은 자명한 것으로 보인다. 그러나 아무도 분리되는 것들로 보이지 않는 것들, 마치 모든 원들이 광석으로 보였던 것처럼 그렇게 이러한 것들과 관계하는 것들을 방해하지는 못한다. 왜냐하면 광석은 결코 형상의 〈부분이〉 아닐 것이기 때문이다. 그러나 사유에서 이러한 것을 제거하는 일은 쉽지 않다. 예를 들면 인간의 형상은 언제나 살에서 그리고 뼈와 이러한 종류의 부분들에서 드러난다. 그러므로 이러한 것들이 형상과 개념의 부분들인가? 혹은 그렇지 않고 오히려 질료인가? 그러나 이러한 것들이 다른 것들에서 생성되지 않기 때문에 우리는 이것들을 분리할 수 없는가? 그러나 이러한 것을 분리한다는 것이 가능한 것으로 여겨지지만, 언제인지는 분명하지 않기 때문에, 원과 삼각형에 대해 이미 어떤 사람들은[20] 선들과 지속하는 것에서 정의하지 않고, 오히려 이러한 모든 것들에 대해 인간의 살과 뼈 그리고 인간상의 광석과 나무와 마찬가지로 그렇게 언급된 것으로 말한다. 그리고 그들은 모든 것을 수들로 이끌며, 또한 선분γραμμῆς의 개념은 2의 개념이라고 말한다. 그리고 이데아들을 언급하는 자들 중 일부는 2를 선분 자체라고 말하며, 일부는 선분의 형상이라고 말한다. 왜냐하면 사실상 많은 것들은 형상과 사물의 형상이(예를 들면 2와 2의 형상) 같지만, 선분에서는 그렇지 않기 때문이다. 그러므로 하나ἕν는 형상이 다른 것으로 보이는 많은 것들의 형상이라는 것에 이른다(피타고라스 추종자들이 도달했던 것이다). 그리고 하나를 모든 것들의 형상 자체로 만드는 것이 가능하지만, 그러나 다른 것들을 형상들로 만드는 것은 가능하지 않다. 물론 같은 방식에서 하나는 전체이다.

그러므로 정의들에 관한 것들이 어떤 문제를 지니며, 어떤 이유 때문인지가 이야기되었다. 이 때문에 같은 방식으로 모든 것을 형상으로 몰아가는 것과 질료를 제거하는 것은 헛수고다. 왜냐하면 많은 것들은 대개 여기 이것이 여기 이것에서 있거나 혹은 같은 방식으로 관계하고 있는 여기 이것들이기 때문이다. 그리고 동물에서 비교는, 젊은 소크라테스가 습관적으로 언급한 것인데, 적절하지 않다. 왜냐하면 그는 참인 것으로부터 이끌어내서, 마치 원이 광석 없이 있는 것처럼, 인간이 부분 없이 있을 수 있는 것으로 전제를 만들기 때문이다. 그러나 광석과 인간은 같지 않다. 왜냐하면 동물은 감각적인 어떤 것이며, 운동 없이는 정의되지 않기 때문이다. 이런 까닭에 어떤 방식으로도 부분들과 관계하지 않고는 정의되지 않는다. 왜냐하면 손이 모든 방식에서 인간의 부분은 아니고, 오히려 살아 있는 것처럼 손의 작용을 만족시킬 수 있는 손이 인간의 부분이기 때문이다. 그러나 살아 있지 않은 것은 부분이 아니다. 〚그러나 수학적 대상들에 관해서, 예를 들면 반원들이 원의 부분이 아닌 것처럼, 무엇 때문에 개념들은 개념들의 부분들이 아닌가? 왜냐하면 수학적 대상들은 감각적 지각 대상들이 아니기 때문이다. 혹은 수학적 대상들은 어떤 차이도 없는가? 왜냐하면 이것들은 감각적으로 지각할 수 없는 몇몇 사물들의 질료일 것이기 때문이다. 또한 왜냐하면 모든 것의 어떤 질료는 무엇임 혹은 자신에서 형상 자체인 것이 아니라 오히려 여기 어떤 이것이기 때문이다. 그러므로 앞에서 언급한 것처럼,[21] 원의 질료는 보편적인 것의 부분들이 아니라 오히려 개별적인 원들의 부분들일 것이다. 왜냐하면 질료는 한편으로는 감각적 지각의 대상이며, 다른 한편으로는 사유할 수 있는 것이기 때문이다.〛 그러나 또한 영혼이 첫 번째의 실체이며, 물질은 질료라는 것이 자명하다. 그리고 보편적인 것으로서 이들 양자로부터 이루어진 것이 인간 혹은 동물이라는 것도 자명하다. 그러나 한편으로는 만일 영혼이 소크라테스라면, 다른 한편으로는 만일 마치 보편적인 것과 개별적인 것처럼 단순히 여기 이 영혼과 여기 이 육체가 소크라테스라면, 소크라테스와 코리스코스는 두 가지 의미를 가진다(왜냐하면 소크라테스와 코리스코스를 일부의 사람들은 영혼으로서, 일부의 사람들은 구체적인 것으로서 언급하기 때문이다). 그러나 이러한 종류의 실체들의 질료 곁에 다른 어떤 질료가 있는지, 그리고 예를 들면 수나 혹은 이러한 종류의 어떤 것처럼, 이와는 다른 어떤 실체를 찾아야만 하는지 나중에[22] 살펴보아야만 한다. 왜냐하면 이를 위해서 우리는 지각할 수 있는 실체들에 관하여 정의하는 것을 시도할 것이기 때문이다. 왜냐하면 이러한 방식에서 감각적 실체에 관한 고찰은 자연학의 작업이며 제2의 철학의 작업이기 때문이다. 즉 질료에 관해서뿐만 아니라 개념에 따른 '실체에 관해서도' 자연철학자는 점점 더 많이 알아야 하기 때문이다. 그러나 정의들에 관하여 개념에서 있는 것들이 어떻게 정의들의 부분들인지, 그리고 무엇 때문에 정의가 한 개의 개념인지를(왜냐하면 사태는 하나이지만, 부분들과 관계한다면, 사태가 무엇에서 하나인지 분명하기 때문에) 나중에 관찰해야만 한다.[23]

그러므로 무엇임은 무엇이며 그리고 어떻게 그것은 자신

에서 있는지, 보편적인 모든 것에 관하여 언급하였다. 그리고 무엇을 통해서 무엇임의 개념이 한편으로는 정의된 것의 부분들과 관계하며 다른 한편으로는 관계하지 않는지를, 또한 질료로서 그러한 의미에서 부분들이 실체의 개념 속에 있지 않을 것임을 언급했다.—왜냐하면 질료의 부분들은 실체의 부분들이 아니라 오히려 구체적인 것의 부분들이기 때문이다. 그러나 어떤 의미에서 개념은 질료에서 있으며 또 어떤 의미에서는 그렇지 않다. 왜냐하면 개념은 질료와 함께 있지 않지만(질료와 함께 있는 개념은 규정할 수 없으므로), 개념은 맨 처음의 실체에서 있기 때문이다. 예를 들어 영혼의 개념은 인간의 실체에서 있다. 왜냐하면 실체는 질료 안에 있는 형상이기 때문이다. 그런데 형상과 질료로부터 구체적인 실체가 이야기된다.[24] 예를 들면 콧구멍처럼(왜냐하면 콧구멍과 코로부터 위로 들쳐진 코와 들창코가 생기기 때문이다. 즉 코는 이러한 것들에서 이중으로 실제로 있다)—구체적인 실체 속에서, 예를 들면 위로 들쳐진 코에서 그리고 칼리아스에서 질료가 있을 것이다.[25] 또한 무엇임과 개별자는 어떤 것들에서, 맨 처음의 실체들에서, 같다는 것을 언급했다. 〔예를 들어 만일 맨 처음의 실체라면, 굽은 것과 굽은 것에서 있는 것은 같은 것이다.〕 (그러나 나는 어떤 것이 다른 것 속에 그리고 질료로서 밑바탕 속에 있는 것에서 언급되지 않는 실체를 맨 처음의 실체라고 생각한다.) 그러나 어떤 것이 질료로서 혹은 질료에서 함께 파악된 것으로서 있는 경우, 이것은 같은 것이 아니며, 〈만일〉 덧붙여진 것에서 하나라면, 소크라테스와 음악적인 것처럼 또한 같은 것이 아니다. 이러한 것들은 덧붙여진 것에서 같은 것들이기 때문이다.[26]

12. 유에서 정의의 통일

그래서 지금 우리는 정의에 관하여 분석론에서 언급하지 않은 한에서 먼저 말하고자 한다. 왜냐하면 분석론에서[27] 언급했던 어려운 문제는 실체에 관한 논의들에서 다루기 좋기 때문이다. 그러나 예를 들어 인간의 정의가 두 발을 가진 동물인 것처럼, 개념이 곧 정의라고 말하는 것이 무엇 때문에 하나ἕν인지, 이러한 것은 어려운 문제라고 생각한다. 물론 이러한 정의가 인간의 개념이라고 하자. 그러므로 무엇 때문에 어떤 것의 개념 혹은 정의는 한 개이며 동물과 두 발처럼 많지 않은가? 물론 인간과 하얀 것에서 한쪽이 다른 쪽에서 실제로 있지 않은 경우에 개념 혹은 정의는 많은 것이지만, 한쪽이 다른 쪽에서 실제로 있으며 밑바탕, 즉 인간이 어떤 것을 겪는 경우에 인간과 하얀 것은 하나다(왜냐하면 이때 인간과 하얀 것은 하나가 되며 하얀 인간이 있기 때문이다). 그러나 이 경우에 한 가지는 다른 것에 참여하지 않는다. 왜냐하면 유는 차이들에 참여하는 것으로 보이지 않기 때문이다 (즉 같은 것이 동시에 대립자들에 참여할 것이기 때문이다. 왜냐하면 유가 구별되는 차이들은 대립자들이기 때문이다). 그러나 만일 유가 차이들에 참여한다면, 비록 차이들이 더 많을지라도, 예를 들면 걸어가는, 두 발의, 날지 못하는 것처럼, 이러한 것은 같은 개념일 것이다. 도대체 무엇 때문에 이러한 것은 하나이며 여럿이 아닌가? 왜냐하면 이것들이 한 가지 사물에서 있기 때문이 아니다. 왜냐하면 사실 같은 의미에서 하나는 모든 것들로부터 만들어질 것이기 때문이다. 그러나 정의에서 있는 것은 하나임에 틀림없다. 왜냐하면 정의는 하나의 어떤 개념이며 실체의 개념이기 때문이다. 따라서 정의는 하나의 어떤 개념 자체임에 틀림없다. 왜냐하면 우리가 말한 것처럼, 실체는 하나의 어떤 것과 여기 어떤 이것을 나타내기 때문이다.—그러나 분할들에 따른 정의들에 관하여 우선 주목해야만 한다. 왜냐하면 맨 처음 일컬어진 유와 차이들을 제외한 다른 것은 정의에서 있지 않기 때문이다. 그러나 다른 유들은, 예를 들면 맨 처음의 동물, 그러나 두 발을 가진 동물, 게다가 두 발을 가진 날지 못하는 동물처럼, 맨 처음의 유와 이것과 함께 파악된 차이들로 이루어진다. 그리고 비록 유가 많은 것들을 통해서 이야기되었을지라도 마찬가
1038a 지다. 그러나 일반적으로 많은 것을 통해서 혹은 몇 가지를 통해서 언급되건 차이는 없다. 따라서 몇 가지를 통해서건

혹은 두 가지를 통해서건 아무런 차이도 없다. 그러나 두 가지 중 한 가지는 차이이며 다른 것은 유이다. 예를 들어 두 발을 가진 동물의 경우 동물은 유이며 두 발은 차이이다. 사실 만일 유가 단순히 유로서 종들의 곁에 있지 않다면, 혹은 한편으론 질료로서 종들의 곁에 있고 다른 한편으론 자체로 있다면(왜냐하면 음성은 유이며 질료이지만, 차이들은 음성으로부터 종들과 기초 요소들을 만들기 때문에), 정의는 차이들로부터 형성된 개념이라는 것이 분명해질 것이다. 그러나 사실 또한 차이로부터 차이를 구별해야만 한다. 예를 들면 걸어 다니는 것은 동물의 차이이다. 더욱이 걸어 다니는 한에서 걸어 다니는 동물의 차이를 알아야만 한다. 그러므로 만일 적합하게 말하고자 한다면, 걸어 다니는 것으로부터 한편으로는 날아다니는 것을 다른 한편으로는 날아다니지 못하는 것을 말할 필요는 없고(그러나 이러한 것은 불가능한 것을 통해서 만들어지는데), 오히려 혹은 한편으로는 갈라진 발가락을 가진 것과 다른 한편으로는 갈라지지 않은 발가락을 가진 것을 말해야만 한다. 왜냐하면 이러한 것들이 발의 차이들이기 때문이다. 즉 갈라진 발가락을 가진 발은 어떤 발이기 때문이다. 그리고 이와 같은 방식으로 차이가 없는 것들에 이르기까지 끊임없이 계속 나갈 것이다. 그러나 이때 차이들이 있는 수만큼 발의 종들이 있을 것이며, 걸어 다니는 동물들은 차이들의 수만큼 있을 것이다. 사실 만일 이러한 것들이 이렇게 관계한다면, 같은 것들을 정의들에서 자주 언급할 필요가 없는 한, 맨 마지막의 차이가 사태의 실체일 것이며 정의일 것이라는 것은 자명하다. 자주 언급한다는 것은 너무 지나치기 때문이다. 그러나 이런 일은 일어난다. 왜냐하면 두 발을 가진 걸어 다니는 동물을 말할 경우에, 발을 가진 동물, 즉 두 발을 가진 동물 이외에 다른 것은 말하지 않기 때문이다. 만일 이러한 것을 고유한 차이에서 구별할 수 있다면, 차이들의 수만큼 반복해서 말할 것이다. 만일 차이가 차이로부터 생긴다면, 궁극적인 하나의 차이는 형상과 실체일 것이다. 그러나 만일 차이가 덧붙여진 것에서 일어난다면, 마치 걸어 다니는 것에 대해서 한 가지는 하얀 것으로 또 한 가지는 검은 것으로 나누는 것처럼, 나누어진 것들이 있을 수 있는 만큼 많이 차이들이 생길 것이다. 따라서 정의는 차이들로부터 생겨난 개념이라는 것과 그리고 올바르게 궁극적인 차이들로부터 생겨난 개념이라는 것이 명백하다. 그러나 만일 누군가가 이러한 종류의 정의들을 나열하려고 한다면, 예를 들어 두 발을 가진 걸어 다니는 동물이라고 말함으로써 인간의 정의를 나열하려고 한다면, 정의는 분명해질 것이다. 왜냐하면 두 발을 언급할 때 다시 걸어 다니는 것을 언급하는 것은 지나치게 과도한 언급이기 때문이다. 그러나 실체 안에 순서는 있지 않다. 실체에서 보다 나중인 것과 보다 앞선 것을 도대체 어떻게 생각해야 하는가? 그러므로 분리들에 따른 정의들에 관하여, 이것들이 어떤 성질인지, 첫 번째 차이에 대해 이만큼 많이 이야기했다.

13. 비실체로서 보편적인 것

그러나 탐구가 실체에 관계되기 때문에, 다시 우리는 그것 1038b
으로 되돌아갈 것이다. 그리고 밑바탕과 무엇임 또 이것들로부터 구성된 것이 실체인 것처럼, 보편적인 것 또한 실체인 것으로 언급된다. 그러므로 이 둘에 관해서는 언급되었다 (즉 무엇임과[28] 밑바탕에[29] 관하여, 이것들이 두 가지 방식으로 바탕에 놓여 있는 것은 경향성에서 동물처럼 여기 어떤 이것이거나, 혹은 완성태에서 질료로서 여기 어떤 이것이다). 그러나 또한 보편적인 것은 특별히 어떤 규정된 것들에서 원인이며, 또 원리로 여겨진다. 이런 이유 때문에 우리는 보편적인 것에 관해서 계속 진행하고자 한다. 왜냐하면 보편적인 것으로 언급되는 것들의 어느 것도 실체임은 불가능해 보이기 때문이다. 왜냐하면 먼저 다른 것에서 실제로 있지 않은 개별자에서 고유한 것은 개별자의 실체이지만, 보편적인 것은 공유하는 것이기 때문이다. 즉 본질적으로 많은 것들에서 실제로 있기에 적합한 것을 보편적인 것이라고 말한다. 그러므로 보편적인 것은 무엇의 실체인가? 왜냐하면 모든 것들의 실체이거나 혹은 어떤 것의 실체도 아니거나이기 때문에, 그러나 모든 것의 실체일 수는 없기 때문이다. 그러나 만일 보편적인 것이 하나의 실체라면, 이것은 다른 것들일 것이다. 왜냐하면 실체가 하나이며 무엇임도 하나인 것들은 또한 하나이기 때문이다. 나아가 실체는 밑바탕에 의해서 있는 것으로 일컬어지지 않지만, 보편적인 것은 항상 어떤 밑바탕에 의해서 일컬어진다. 그러나 보편적인 것은 무엇임처럼 이와 같은 방식으로는 있을 수 없지만, 동물이 인간과 말에서 있는 것처럼 무엇임에서 실제로 있는가? 그러므로 어떤 개념이 보편적인 것으로부터 있을 것이라는 것은 자명하다. 그러나 만일 개념이 실체에서 있는 모든 것들로부터 있지 않다면, 어떤 것도 구별되지 않는다. 왜냐하면 인간이 실제로 있는 인간에서 인간의 실체인 것처럼, 그만큼 보편적인 것은 어떤 것의 실체이며, 따라서 다시 그와 같은 일이 일어날 것이기 때문이다. 즉 보편적인 것은 〔동물처럼,〕 종에서 고유한 것으로서 실제로 있는 것의 실체일 것이다. 그러나 또한 더 나아가 만일 여기 이것과 실체가 어떤 것들로부터 생성된다면, 실체들로부터 혹은 여기 어떤 이것으로부터 생성되지 않고 오히려 어떤 질로부터 생성된다는 것은 불가능하며 적합하지도 않다. 왜냐하면 실체가 아닌 것과 질이 실체와 여기 이것보다 더 앞선 것이 될 것이기 때문이다. 그러나 이러한 것은 어떤 것도 불가능하다. 왜냐하면 개념에서도 시간에서도 생겨남에서도 경향성들이 실체보다 앞선 것들일 수는 없기 때문이다. 즉 경향성을 실체로부터 분리할 수 있을 것이다. 더 나아가 실체는 소크라테스 속에서 있을 것이다. 따라서 실체는 두 가지로 있을 것이다. 그러나 다음과 같이 된다. 즉 만일 인간과 그리고 같은 방식에서 일컬어지는 것들이 실체라면, 개념에서 있는 것들 중 어느 것도 어떤 것의 실체일 수 없으며, 개념에서 있는 것들로부터 분리되어서도 다른 것에서도 실제로 있을 수도 없다. 그러나 나는 개념으로서 동물이 어떤 동물들을 벗어나서 있을 수 없으며, 개념에서 있는 것들 중 다른 것도 그러하다고 생각한다. 그러므로 이러한 것들로부터 고찰된 것들에서 보편적으로 실제로 있는 것들 중 어떤 것도 실체는 아니며, 공동으로 틀 지어지는 것들 중 어떤 것도 여기 어떤 이것이 아니라 오히려 이러한 종류를 표현한다는 것은 분명하다. 그러나 만일 그렇지 않다면, 많은 다른 것들과 제3인간이 발생한다. 그러나 더 나아가 다음과 같은 방법에서 분명해진다. 즉 실체가 완성태에서〔처럼〕 안에서 있는 실체들로부터 생성되는 것은 불가능하다. 왜냐하면 같은 방식으로 둘은 한 번도 완성태에서 하나가 아니었고, 오히려 만일 가능태에서 둘이 있다면, 둘은 하나일 것이기 때문이다 (예를 들면 이중성은 가능태에서 두 개의 절반으로부터 생성된다. 왜냐하면 완성태는 이중성을 분리하기 때문이다). 따라서 만일 실체가 하나라면, 실체는 안에서 있는 실체들로부터 생성되지 않으며 데모크리토스가 정당하게 주장한 이러한 방식으로도 생성되지 않을 것이다. 왜냐하면 그는 하나가 둘로부터 혹은 둘이 하나로부터 생성되는 것은 가능하지 않다고 말하기 때문이다. 왜냐하면 그는 분할할 수 없는 거대한 것을 실체로 다루기 때문이다. 그러나 다만, 어떤 자들에 의해 언급된 것처럼, 만일 수가 원자들로 구성된 것[30]이라면, 같은 방식에서 실체가 수와 관계한다는 것은 분명하다. 왜냐하면 둘은 하나가 아니거나 혹은 하나는 완성태에서 둘 안에 있지 않기 때문이다.—그러나 결과는 어려운 문제를 일으킨다. 왜냐하면 만일 보편적인 것은 이러한 종류를 표현할 뿐 여기 어떤 이것을 표현하는 것이 아니기 때문에 어떠한 실체도 보편적인 것들로부터 생성될 수 없다면, 또한 어떠한 실체도 실체들로부터 완성태에서 함께 놓여 있을 수 없다면, 모든 실체는 함께 놓여 있을 수 없을 것이기 때문이다. 따라서 어떠한 실체의 개념도 있을 수 없을 것이다. 그러나 사실 정의는 모든 것들에서 유일하게 혹은 최고의 실체로부터 있을 것이라고 이미 앞에서[31] 언급했다고 생각된다. 그러나 지금은 이런 것에 대해서 그렇지 않다. 그러므로 정의는 어떠한 것으로부터도 있지 않을 것이다. 혹은 어떤 의미에서는 정의가 있을 것이며, 어떤 의미에서는 있지 않을 것이다. 그러나 언급된 것은 보다 나중의 논의들로부터[32] 더욱더 분명해질 것이다.

14. 비실체로서 이데아

그러나 이러한 것들로부터 다음과 같은 결과는 자명하다. 즉 어떤 사람들은 이데아를 실체이며 분할할 수 있는 것이라고 언급하고, 동시에 유와 차이들로부터 종을 만든다. 왜냐하면 만일 종들이 있다면, 그리고 동물이 인간과 말에서 있다면, 종은 수에서 하나이며 같은 것이거나 혹은 다른 것이기 때문이다. 즉 종은 개념에서 확실히 하나다. 왜냐하면 개념을 언급하는 자는 둘 각각에서 같은 개념을 기술하기 때문이다. 그러므로 만일 어떤 인간 자체가 자체에서 여기 어떤 이것이며 분리된 것이라면, 인간 자체를 구성하는 것은, 예를 들면 동물과 두 발처럼, 여기 있는 이것을 나타내며 분리할 수 있는 것들과 실체들임에 틀림없다. 따라서 동물 또한 그렇다. 그러므로 만일 네가 너에게서 같은 하나인 것처럼, 말과 인간에서 있는 것이 같은 하나라면, 어떻게 있는 것은 분리되어 있는 것들에서 하나일까? 그리고 무엇 때문에 1039b 이러한 동물은 자신으로부터 분리된 채 있지 못할까? 그렇지만 만일 동물이 두 개의 발에 그리고 여러 개의 발에 참여한다면, 어떤 것도 일어날 수 없는데, 왜냐하면 대립하는 것들이 동시에 하나 자체에서 그리고 여기 어떤 있는 것에서 실제로 있기 때문이다. 그러나 만일 그렇지 않다면, 누군가가 동물은 두 발을 가졌다고 혹은 발로 걸어 다닌다고 말하는 것은 무슨 뜻인가? 그러나 대체로 둘은 함께 놓여 있으며 결합되어 있거나 혼합되어 있다. 그러나 이것들 모두는 적절하지 않다. 그러나 개별자에서는 서로 다른 것이다. 그러므로 소위 실체가 동물인 것들은 셀 수 없이 많을 것이다. 왜냐하면 인간은 덧붙여진 것으로 동물에 속하는 것이 아니기 때문이다. 나아가 동물 자체는 많을 것이다. 왜냐하면 개별자에서 있는 동물은 실체이기 때문이다(즉 인간이 다른 것으로 일컬어지지 않기 때문이다. 그러나 만일 다른 것으로 일컬어진다면, 인간은 다른 것에 속하며 인간의 유는 다른 것일 것이다). 그리고 더 나아가 인간을 형성하는 모든 것들은 이데아들이다. 그러므로 어떤 것의 이데아가 다른 것의 실체는 아닐 것이다(왜냐하면 이러한 것은 불가능하기 때문이다). 그러므로 하나로서 동물 자체는 동물들에서 있는 각각의 동물일 것이다. 더 나아가 동물은 무엇으로 구성되며, 어떻게 동물 자체로부터 생성되는가? 혹은 동물에서 동물 자체가 실체인 동물이 어떻게 동물 자체 곁에서 있을 수 있는가? 그러나 더 나아가 이러한 것들과 이러한 것들보다 더 적합하지 못한 것들이 감각적인 대상들에서 일어난다. 그러므로 만일 이와 같이 관계할 수 없다면, 어떤 자들이 말한 것처럼, 그렇게 감각적인 대상들의 형상들은 있지 않을 것임은 자명하다.

15. 정의할 수 없는 개별자와 이데아

구체적인 것과 개념은 서로 다른 실체이기 때문에(나는 앞의 의미에서 실체를 개념이 질료와 함께 파악된 것이라고, 뒤의 의미에서 실체를 순수하게 개념이라고 생각하는데), 이렇게 일컬어진 것들 중 앞의 것은 소멸하지만(물론 생성 또한 일어나는데), 개념에서 실체는 사라지지 않고(왜냐하면 생성도 일어나지 않기 때문에, 즉 집에서 있음이 생성되는 것이 아니라 오히려 여기 이 집에서 있음이 생성되기 때문에), 오히려 생성과 소멸 없이 있으며 있지 않다. 왜냐하면 아무도 이러한 것을 생성하거나 만들지 못한다는 것이 증명되었기[33] 때문이다. 그러나 또한 이 때문에 개별적인 감각적 대상들의 실체들에 관한 정의나 증명은 없다. 왜냐하면 이러한 실체들은 본성이 있음과 있지 않음이 가능한 그러한 종류인 질료와 관계하기 때문이다. 이 때문에 이러한 실체들의 모든 개별자들은 소멸할 수 있는 것들이다. 사실 만일 증명이 필연적인 것들로부터 이끌려지고 정의는 학문적인 것이라면, 그리고 학문이 한때는 앎이고 다른 한때는 알지 못함인 것이 아니라 오히려 견해δόχα[34]가 이러한 종류인 것처럼, 이와 마찬가지로 증명이나 정의가 아니라 오히려 견해가 다르게 관계할 수 있는 것에 속한다면, 정 1040a
의나 증명은 개별적인 감각적 대상들의 실체들에 속할 수 없다는 것이 자명하다. 왜냐하면 소멸하는 것들이 감각적 지각으로부터 벗어나는 경우에, 이것들은 학문과 관계하는 자들에게 분명하지 않으며, 또 소멸하는 것들의 개념들이 영혼에서 지속될지라도, 이러한 개념들로부터 정의, 더 나아가 증명은 있지 않기 때문이다. 이런 이유로 인하여 어떤 것을 정의하려는 자들은 개별자들을 정의할 때 항상 정의가 폐기될 수 있다는 것을 알고 있어야만 한다. 왜냐하면 소멸하는 것들은 정의될 수 없기 때문이다.

마찬가지로 어떠한 이데아도 정의되지 않는다. 왜냐하면 사람들이 말한 바처럼, 이데아는 개별자들로부터 있으며 분할할 수 있는 것이기 때문이다. 그러나 개념은 이름들로부터 생성됨에 틀림없다. 그러나 정의하는 자가 이름을 만들지는 못할 것이다(왜냐하면 이름을 알지 못할 것이기 때문이다). 그러나 규정된 이름들은 모든 것들에서 공유된다. 그러므로 또한 이러한 이름들은 다른 것에서 실제로 있음에 틀림없다. 예를 들면 만일 누군가가 너를 정의하고 싶어 한다면, 마른 혹은 하얀 혹은 다른 것에서 실제로 있게 될 다른 어떤 것이라고 말한다. 그러나 만일 누군가가 모든 이름들이 나누어져서 많은 것들에서, 그러나 동시에 단지 이것에서만 실제로 있음을 아무것도 방해하지 않는다고 말한다면, 우선 이름이 양쪽에서 실제로 있다는 것을 말해야만 한다. 예를 들면 두 발을 가진 동물은 동물과 두 발에서 말해져야만 한다(그리고 이러한 것은 영원한 것들에서 더 앞선 것들이고 함께 놓여 있는 것의 부분들이어야만 한다. 그렇지만 또한 만일 인간이 분할된다면, 이러한 것도 분할되는 것들이어야만 한다. 왜냐하면 분할되지 않든지 혹은 양쪽으로 분할되든지 해야 하기 때문이다. 그러므로 만일 분할되지 않는다면, 유는 종들의 곁에서 있지 못하지만, 만일 둘로 분할된다면, 이러한 것은 차이이다). 다음으로 있음에서 더 앞선 이름들이 말해져야만 한다. 그러나 앞선 것의 이름들과 뒤의 것의 이름들이 함께 소멸하지는 않는다. 그러므로 만일 이데아들이 이데아들로 구성된다면(왜냐하면 구성하는 것들과 구성되는 것들은 더욱더 함께 놓여 있지는 않기 때문에), 〔나아가〕 이데아를 구성하는 것들은, 예를 들면 동물과 두 발처럼, 많은 것들에서 틀 지어져야만 할 것이다. 그러나 만일 이데아들이 이데아들로 이루어지지 않았다면, 이데아들을 어떻게 알 수 있을 것인가? 왜냐하면 이데아는 하나보다 더 많은 것들에서 틀 지어질 수 없는 어떤 것일 것이기 때문이다. 그러나 그러한 것으로 여겨지지 않고, 오히려 모든 이데아는 참여할 수 있는 것으로 여겨진다. 언급된 것처럼, 이데아는 영원한 것들에서, 특히 해와 달처럼 유일한 것들에서, 정의될 수 없다는 것이 간과되었다. 왜냐하면 “지구 둘레를 돌고” 혹은 “밤에는 숨는” 것처럼, 사라졌지만 태양이 아직도 있을 영원한 것들을 연결하는 것에서 단지 잘못했기 때문이다(왜냐하면 정지할 수 있거나 혹은 밤에 볼 수 있게 될 것이라면, 더 이상 태양일 수 없을 것이기 때문이다. 그러나 만일 태양이 영원한 것이 아니라면, 이러한 것은 적절치 못하다. 왜냐하면 태양은 어떤 실체를 나타내기 때문이다). 더 나아가 다른 것에서 가능한 경우에, 예를 들면 만일 다른 이러한 종류가 생성되었다면, 그것은 태양일
1040b 것이라는 것이 분명하다. 그러므로 개념은 공동으로 공유한다. 그러나 태양은 크레온이나 소크라테스처럼 개별자들에 속한다. 도대체 무엇 때문에 이데아론자들 중 어느 누구도 이데아의 정의를 이끌어내지 못하는가? 만일 누군가가 이데아의 정의를 시도한다면, 대개 지금 언급되는 것이 참이라는 것이 분명해질 것이다.

16. 비실체로서 하나와 있는 것

그러나 실체들로 보이는 것들 중 최고는 가능태들, 즉 동물들의 부분들(왜냐하면 이것들 중 어떤 것도 분할되어 있지는 않기 때문에, 그러나 분할될 경우에, 모든 것들은 질료로서 있는 것들이기에), 흙, 불 그리고 공기라는 것이 분명하다. 왜냐하면 이것들 중 어떤 것도 하나는 아니고, 오히려 예를 들면 덩어리처럼, 요리되기 직전의 그리고 하나가 이것들로부터 생성되기 직전의 덩어리처럼 있기 때문이다. 그러나 특히 누군가는 영혼을 가진 것들의 부분들과 영혼의 부분들 양자가 밀접하게 되는 것, 즉 완성태와 가능태에서 있는 것들을 파악할

수 있다. 왜냐하면 이것들은 연결된 것들에서 어떤 것에 의하여 운동의 원리를 갖기 때문이다. 이런 이유 때문에 몇몇의 동물들은 잘라질지라도 산다. 그렇지만 본성에서 하나이며 이어진 것인 경우에, 그러나 힘에서 혹은 함께 성장하는 것에서가 아닌 경우에, 모든 것은 가능태에서 있을 것이다. 왜냐하면 이러한 종류는 기형이기 때문이다. 그러나 하나는 있는 것처럼 일컬어지며, 하나의 실체는 한 개이고, 수에서 실체가 하나인 것들 또한 수에서 한 개로 일컬어지므로, 기초 요소에서 있음 혹은 원리에서 있음이 사태들의 실체가 아닌 것처럼, 하나와 있는 것이 사태들의 실체일 수 없다는 것은 자명하다. 그러나 실체를 더 잘 알 수 있는 것으로 이끌기 위해서 우리는 원리가 무엇인지를 탐구한다. 그러므로 이러한 것들 중 있는 것과 하나가 원리와 기초 요소 그리고 원인보다 더 많이 실체이지만, 만일 다른 공통적인 것이 실체가 아니라면, 하나와 있는 것은 어떤 방식에서도 실체가 아니다. 왜냐하면 실체 자체와 그리고 실체와 관계하는, 실체가 속하는 것 이외의 다른 어떤 것에서도 실체는 실제로 있지 않기 때문이다. 나아가 하나는 여러 곳에서 동시에 있을 수 없지만, 공통적인 것은 동시에 여러 곳에서 실제로 있다. 따라서 보편적인 것들 중 어떤 것도 개별자들 곁에서 분리된 채 실제로 있지 않다는 것은 자명하다. 그러나 형상들을 언급한 자들이, 만일 이것들이 실체들이라면, 형상들을 개별자들과 분리시켜서 언급하는 것은 정당하지만, 그들이 하나를 많은 것들에서 형상으로 언급하는 것은 정당하지 않다. 그러나 이러한 이유는 개별자로 지각할 수 있는 것들 곁에 있는 소멸하지 않는 이러한 종류의 실체들이 무엇인지를 그들이 설명하지 못했기 때문이다. 그래서 그들은 소멸하지 않는 실체들을 종에서 소멸하는 것들과 같은 것들로 다룬다(왜냐하면 우리가 소멸하는 것들을 알기 때문이다). 즉 지각할 수 있는 것들에 '자체'라는 단어를 붙임으로써, 인간 자체와 말 자체로 다룬다. 그렇지만 만일 우리가 별들을 보지 못했더라면, 적어도 우리가 알았던 실체들 곁에 있는 영원한 실체들이 별들일 것이라고 나는 생각한다. 따라서 지금 비록 우리가 영원한 실체들이 무엇인지를 알지 못할지라도, 대개 어떤 것들이 필연적으로 있다. 그러므로 보편적으로 언급된 것들 중 어떤 것도 실체가 아니며 어떤 실체도 실체들로부터 생성되지 않는다는 것은 분명하다.

17. 실체로서 형상

그러나 무엇을 그리고 무슨 종류를 실체라고 불러야만 하는지, 우리는 다시 다른 원리를 다루면서 언급하고자 한다. 왜냐하면 대개 이렇게 할 때 지각할 수 있는 실체들로부터 분리되어 있는 소멸하지 않는 실체에 관하여 아주 분명하게 드러날 것이기 때문이다. 사실 실체는 어떤 원리와 원인이기 때문에, 여기에서부터 탐구해야만 한다. 그러나 무엇 때문에 어떤 것은 다른 것에서 실제로 있는지, 무엇 때문τὸ διὰ τί은 항상 같은 방식으로 탐구된다. 왜냐하면 무엇 때문에 음악적인 인간은 음악적인 인간인가를 탐구하는 것은 무엇 때문에 인간은 음악적인가라고 물어진 것을 탐구하는 것이거나 혹은 다른 것이기 때문이다. 그러므로 무엇 때문에 이것은 이것인가라는 것은, 어떤 것을 탐구하는 것이 아니다(왜냐하면 ……라는 것τὸ ὅτι과 ……임τὸ εἶναι은 있는 것들이 분명하게 실제로 있는 것임에 틀림없기 때문이다—그러나 나는 예를 들면 달이 사라지는 것이라고 생각한다.—그러나 이것은 이것인 이유는, 즉 인간은 인간이고 혹은 음악적인 것은 음악적인 것인 이유는, 모든 것들에 대해서 한 개의 개념과 한 개의 원인일 뿐이다. 누군가가 개별자를 자체로부터 분리할 수 없는 것이라고 말하는 것을 제외하면, 이러한 것은 하나에서 있음일 것이다. 그리고 이러한 것은 모든 것들에서 공통적이며 짤막한 언급이다). 그러나 누군가는 무엇 때문에 인간이 이러한 종류의 동물인지를 탐구할 수 있을 것이다. 그렇지만 이러한 것은 인간인 자가 무엇 때문에 인간인지를 탐구하는 것이 아니라는 것은 자명하다. 그러므로 무엇 때문에 실제로 있는지는 어떤 것에서 어떤 것을 탐구한다(그러나 실제로 있다는 것은 자명한 것임에 틀림없다. 왜냐하면 만일 자명하지 않다면, 아무것도 탐구하지 못하기 때문이다). 예를 들면 무엇 때문에 번개가 일어나는가? 무엇 때문에 구름들에서 소음이 발생하는가? 그러므로 어떤 것이 다른 것에서 실제로 있는 것이 탐구되는 것이다. 그리고 무엇 때문에 여기 이것이, 예를 들면 구운 돌과 돌이 집인가? 그러므로 원인을 탐구한다는 것이 분명하다. 〔그러나 개념적으로 표현한 것처럼, 이러한 것은,〕 예를 들면 대개 집에서 혹은 침대에서처럼, 많은 것들에서 무엇 때문에τίνος ἕνεκα인 〔무엇임이지만,〕 다른 많은 것들에서는 맨 처음에 운동했던 무엇τί이다. 왜냐하면 이것이 원인이기 때문이다. 그러나 이러한 종류의 원인은 생성되고 소멸되는 것에서 탐구되지만, 다른 원인은 있음에서 탐구된다. 그러나 탐구되는 것은 서로에 의해 언급되지 않는 것들에서 가장 잘 감춰져 있다. 예를 들어 인간이란 무엇인가라는 물음은 순수하게 언급된 것을 통해서 그러나 여기 이것들은 여기 이것이라고 규정되지 않는 것들을 통해서 탐구된다. 그러나 관절로 나누어서 탐구해야만 한다. 그러나 만일 그렇지 않다면, 아무것도 탐구하지 않는 것과 어떤 것을 탐구하는 것의 공통적인 것이 생성된다. 그러나 있음과 관계해야만 하며 있음이 실제로 있어야만 하기 때문에, 무엇 때문에 〈어떤 것〉인가라는 물음은 질료를 탐구하는 것임이 아주 명백하다. 예를 들면 무엇 때문에 여기 이것이 집인가? 왜냐하면 집에서 있음인 것이 실제로 있기 때문이다. 그리고 여기 이것은 인간이며, 혹은 이러한 물질은 여기 이것과 관계한다. 따라서 어떤 것을 있게 하는 원인은 질료로부터 탐구되며, 〔이러한 원인은 형상이다.〕 그러므로 단순한 것들에서 탐구나 가르침은 있지 않으며, 오히려 이러한 것들을 탐구하는 다른 방법이 있다는 것은 자명하다.—그러나 전체가 하나인 것과 같이 어떤 것으로부터 함께 놓여 있는 것은 덩어리처럼 있지 않고 오히려 음절처럼 있기 때문에 —그러나 음절은 기초 요소가 아니기 때문에, B̄와 ā는 B̄ā와 같은 것이 아니며, 살은 불과 흙과 같은 것이 아니다(왜냐하면 어떤 것을 분해시킬 때 어떤 것들은 있지 않지만, 예를 들면 살과 음절처럼, 그러나 기초 요소만이, 즉 불과 흙만이 있다). 그러므로 음절은 어떤 것이며, 기초 요소는 음성과 무성일 뿐만 아니라 다른 어떤 것이다. 그리고 살은 불과 흙 혹은 따뜻함과 차가움뿐만 아니라 다른 어떤 것이다.—그러므로 만일 이것들이 기초 요소이거나 혹은 기초 요소로부터 생성된 것임이 필연적이라면, 사실상 기초 요소라면, 다시 같은 논의가 이루어질 것이다(왜냐하면 살이 이러한 불과 흙 그리고 다른 어떤 것으로부터 생성되고, 결국 무한으로 계속될 것이기 때문이다). 그러나 만일 이것들이 기초 요소로부터 생성된다면, 하나로부터가 아니라 많은 것들로부터 생성된다는 것은, 혹은 기초 요소 자체일 것이라는 것은 분명하다. 따라서 다시 이러한 것에 대해서 그리고 살 혹은 음절에 대해서 같은 논의를

할 것이다. 그러나 이러한 것은 어떤 것이며, 기초 요소는 아니고, 여기 이것에서는 살이며 저기 저것에서는 음절인 것의 원인이라고 여겨진다. 그러나 또한 다른 것들에 대해서도 마찬가지다. 그러나 이러한 것은 개별자의 실체다(왜냐하면 이러한 것은 있음의 맨 처음의 원인이기 때문이다)—그러나 몇 가지 것들은 사태들의 실체들이 아니라, 오히려 본성에 따라서 〔그리고 본성적으로〕 함께 수용되어 있기 때문에 실체들인 한에서, 본성 자체는 기초 요소인 실체로가 아니라 원리인 실체로 표현될 수 있을 것이다.—그러나 기초 요소는 질료로서 안에 있는 것이 분할되는 것이다. 예를 들면 음절의 기초 요소는 ā와 B̄이다.

H.
감각적 지각 대상으로서 실체에 관한 탐구

1. 질료로서 실체

그러므로 언급된 것들로부터 결론을 이끌어내야 하며 한 1042a
데 모아서 가장 중요한 것을 목적으로 설정해야만 한다. 그러므로 실체들의 원인들과 원리들 그리고 기초 요소들이 탐구된다는 것을 언급했다.[35] 그러나 실체들은 모든 사상가들에 의해 인정된 것들이지만, 어떤 자들은 몇몇의 실체들에 관하여 그들의 고유한 입장에서 설명했다. 인정된 실체들은 자연적인 것들인데, 예를 들면 불, 흙, 물, 공기이며 또 단순한 다른 물질들이며, 여기에 더하여 식물들과 이것들의 부분들, 그리고 동물들과 이것들의 부분들, 그리고 마지막으로 천체와 천체의 부분들이다. 그러나 어떤 자들은 고유한 입장에서 실체들은 형상들이며 수학적 대상들이라고 말한다.[36] 그러나 논의들에 대하여 다른 입장에서 실체들은 무엇임과 밑바탕이라는 것에 이른다. 나아가 또 다른 입장에서 유는 종보다 더 많이 실체이며 보편적인 것은 개별자들보다 더 많이 실체이다. 그러나 이데아들은 보편적인 것과 유에 연결되었다(왜냐하면 같은 근거에서 이데아들은 실체들로 여겨지기 때문이다). 그리고 무엇임이 실체이며, 정의는 무엇임의 개념이기 때문에, 정의에 관하여 그리고 자체에 관하여 규정했다.[37] 그리고 정의는 개념이며, 개념은 부분들과 관계하기 때문에, 어떤 종류가 실체의 부분들이며 어떤 종류가 아닌지, 그리고 이러한 부분들이 정의에 속하는지, 부분들에 관하여 반드시 알아야만 한다.[38] 그러나 더 나아가 보편적인 것도 유도 실체가 아니다.[39] 그러나 이데아들과 수학적 대상들에 관하여 나중에 반드시 관찰해야만 한다.[40] 왜냐하면 어떤 자들은 이것들이 감각적 대상의 실체들 곁에 있다고 말하기 때문이다.—그러나 지금 우리는 모든 사상가들에 의해서 인정된 실체들로 나갈 것이다. 그리고 이것들은 감각적 대상의 실체들이다. 그러나 모든 감각적 실체들은 질료와 관계한다. 그리고 밑바탕은 실체인데, 한편에서는 질료이며(그러나 나는 질료를 활동태ἐνέργεια에서는 여기 어떤 이것이 아니지만, 가능태에서는 여기 어떤 이것이라고 생각한다), 다른 한편에서는 개념과 형태인데, 여기 어떤 있는 것τόδε τι ὄν을 개념에서 분리할 수 있는 것이다. 그리고 세 번째로는 이것들로부터 형성된 것인데, 생성과 소멸은 단지 이것에서 일어나며, 단순히 분할할 수 있는 것이다. 왜냐하면 개념에 따른 실체들 중 일부는 분할할 수 있으며 일부는 그렇지 않기 때문이다. 그러나 질료가 실체라는 것은 분명하다. 왜냐하면 모든 반대로 놓여 있는 변화들에서 밑바탕으로서 어떤 것은 변화들에 처해 있기 때문이다. 예를 들면 장소에서 지금은 여기에서 그다음에는 다른 곳으로, 그리고 성장에서 지금은 그렇게 큰 것에서 그다음엔 더 작거나 혹은 더 많이 커진 것으로, 그리고 또한 질적 변화에 따라 지금은 건강함에서 그다음엔 질병으로의 변화이다. 그러나 또한 마찬가지로 실체에 따라 지금은 생성에서 그다음엔 소멸에서의 변화며, 또한 지금은 여기 어떤 이것으로서 밑바탕이 그다음엔 결핍으로서 밑바탕으로의 변화이다. 그리고 확실히 다른 변화들은 이러한 변화에 속하지만, 이러한 변화는 다른 변화들 중 한두 가지의 변화에 속하지는 않는다. 왜냐하면 만일 어떤 것이 장소적 변화로서 질료와 관계한다면, 이것이 생성하는 혹은 소멸하는 것으로서 질료와 필연적으로 관계할 필요는 없기 때문이다. 그러므로 단순히 생성되는 것과 단순히 생성되지는 않는 것의 차이가 무엇인지, 자연학들에서 설명했다.[41]

2. 가능태에서 실체와 활동태에서 실체

그러나 밑바탕으로서 실체와 질료로서 실체는 같은 것으

로 인정되었지만, 이런 실체는 가능태에서 실체이기 때문에, 무엇이 활동태로서 감각적 대상들의 실체인지를 말하는 것이 남아 있다. 그러므로 데모크리토스는 세 가지 차이들이 있다고 믿는 것으로 보인다(왜냐하면 바탕에 놓여 있는 물질, 즉 질료는 하나이며 같은 것이지만, 모양인 리듬에서, 혹은 위치인 방향에서, 순서인 배열에서 차이가 나타나기 때문이다). 그러나 많은 차이들이 있는 것으로 보인다. 예를 들면 질료가 함께 있는 것에서 차이들이 일컬어지는데, 혼합된 꿀과 마찬가지로 혼합하여 있는 것에서, 혹은 다발처럼 묶인 것에서, 혹은 책에서처럼 붙여진 것에서, 혹은 박스처럼 못질이 되어 함께 묶인 것에서, 이러한 것들보다 더 많은 것들에서, 문지방과 위쪽 문지방처럼 위치에서(왜냐하면 이러한 것들은 어떤 방식으로 질료가 놓이는가에 따라 차이를 나타내기 때문에), 혹은 저녁 식사와 아침 식사처럼 시간에서, 혹은 바람처럼 장소에서 차이들이 일컬어진다. 그러나 단단한 성질과 무른 성질에서처럼, 그리고 뚱뚱한 것과 날씬한 것에서, 메마른 것과 축축한 것에서, 이것들 중 몇몇에서 혹은 이것들 모두에서, 그리고 일반적으로 지나치게 많은 것에서 혹은 부족한 것에서처럼 감각적인 사물들의 경향성에서 차이들이 일컬어진다. 따라서 있다τὸ ἔστι[42]가 이렇게 많은 의미에서 일컬어진다는 것은 분명하다. 왜냐하면 문지방은 그렇게 놓여 있으며, 〈문지방으로〉 있음은 그것이 그렇게 놓임을 나타내는 것이고,

얼음으로 있음은 그렇게 조밀하게 구성된 것을 나타내기 때문이다. 그러나 많은 사물들에 관해서 있음은 언급된 이것들 모두를 통해서 규정될 것이다. 왜냐하면 있음은 섞임, 가득 채워짐, 묶임, 조밀해짐, 그러나 손이나 발처럼 다른 차이들에서 사용됨으로 규정될 것이기 때문이다. 그러므로 차이들의 유들을(왜냐하면 이것들은 있음의 원리들일 것이기 때문에), 예를 들면 많고 적은 것에서 혹은 뚱뚱하고 날씬한 것에서 그리고 다른 이러한 종류들에서 파악해야만 한다. 왜냐하면 이들 모두는 지나침과 부족함이기 때문이다. 그러나 만일 어떤 것이 모양에서 혹은 매끄러운 것에서 그리고 거친 것에서 차이를 나타낸다면, 이것들 모두는 곧은 것에서 그리고 굽은 것에서도 차이를 나타낼 것이다. 그러나 이것들에서 있음 1043a 은 섞임으로 있을 것이지만, 있지 않음은 이와는 반대로 있을 것이다. 그러므로 이러한 것들로부터 만일 실체가 개별자의 있음의 원인이라면, 개별자들의 있음의 원인이 무엇인지를 차이들에서 탐구해야만 한다는 것은 자명하다. 그러므로 실체는 이러한 차이들의 어떤 것도 아니며 함께 쌍을 이루는 것[43]도 없지만, 그럼에도 불구하고 실체와 닮은 것이 개별자 안에 있다. 그리고 실체들에서 질료를 틀 짓는 것이 활동태 자체인 것처럼, 다른 정의들에서도 완전히 이와 같다. 예를 들어 만일 문지방을 정의해야만 한다면, 나무 혹은 돌이 그러그러하게 놓인 것이라고, 그리고 집을 구운 돌들과 나무들이 그러그러하게 놓인 것이라고 우리는 말한다(혹은 또한 아직 무엇을 위한 것τὸ οὗ ἕνεκα이 많은 것들에서 있다). 그러나 만일 얼음을 정의한다면, 물이 얼었거나 혹은 그러그러하게 밀접하게 된 것이라고 말한다. 그리고 조화는 그렇게 날카로운 음과 둔탁한 음의 혼합이라고 말한다. 그러나 다른 것들에서도 이와 같은 방법으로 말해진다. 그러므로 이러한 것들로부터 질료가 다르기 때문에 활동태와 개념이 다르다는 것은 아주 당연한 것이다. 왜냐하면 이러한 것들 중 어떤 활동태는 결합이며, 어떤 것은 혼합이고, 또 어떤 것은 언급된 차이들 중 다른 것이기 때문이다. 이런 이유 때문에 정의하는 자들 중 집이란 무엇인가를 언급하는 자들은 돌들과 구운 돌들 그리고 나무들을 가능태에서 집이라고 말한다. 왜냐하면 이러한 것들은 집의 질료이기 때문이다. 그러나 사용할 수 있는 물건들과 물체들을 보호하는 통 혹은 이러한 종류의 다른 어떤 것을 끼워 넣는 자들은 활동태를 말한다. 그러나 이것들 양쪽을 함께 놓는 자들은 이것들로부터 이루어진 제3의 실체를 말한다(왜냐하면 차이들에 의한 개념은 형상과 활동태에 관한 개념으로 보이나, 구성 요소들로부터 이루어진 개념은 오히려 질료에 관한 개념으로 보이기 때문이다). 그러나 또한 같은 방식으로 아르후타스[44]가 설명한 종류의 정의들이 있다. 왜냐하면 이 정의들은 양쪽이 함께 있는 것으로부터 만들어진 것이기 때문이다. 예를 들면 잔잔한 바람은 무엇인가? 조용함은 공기가 가득 채워질 때 일어난다. 왜냐하면 한편으로 공기는 질료이며, 다른 한편으로 조용함은 활동태이며 실체이기 때문이다. 잔잔함은 무엇인가? 바다 표면의 평평함이다. 한편으로 바다는 질료로서 밑바탕이며, 다른 한편으로 표면의 평평함은 활동태이며 형태ἡ μορφὴ이다. 그러므로 감각적 지각 대상의 실체가 무엇이며 어떻게 있는지는 언급된 것들로부터 명백해진다. 왜냐하면 실체는 한편으로 질료로서, 다른 한편으로는 형태와 활동태로서, 또 다른 한편으로는 이것들로부터 이루어진 제3의 것으로서 실체이기 때문이다.

3. 이름이 표시하는 것

이름이 함께 있는 실체를 표시하는지 혹은 활동태와 형태를 표시하는지를 우리가 때때로 잊고 있다는 것을 알아야만 한다. 예를 들면 집은 공통적인 것, 즉 지붕이 구운 돌과 돌들로 그러그러하게 놓임의 표시인지, 혹은 활동태와 형상, 즉 지붕의 표시인지, 그리고 선분은 둘이 길이에서 그러그러하게 놓여 있음의 표시인지 혹은 단순히 둘의 표시인지, 또한 동물은 영혼이 육체에서 있음인지 혹은 영혼인지를 알아야만 한다. 왜냐하면 영혼은 어떤 육체의 실체이며 활동태이기 때문이다. 그러나 또한 동물은 한쪽의 개념에서 일컬어짐으로써가 아니라 오히려 하나와 관련하여 일컬어짐으로써, 양쪽의 개념에서 있게 될 것이다. 그러나 이러한 것은 다른 것과 구별되지만, 감각적 대상의 실체에 관한 탐구와는 구별되
1043b 지 않는다. 왜냐하면 무엇임은 형상과 활동태에서 실제로 있기 때문이다. 즉 영혼은 사실상 영혼에서 있음과 같은 것이지만, 영혼이 인간으로 일컬어지지 않는다면, 인간에서 있음과 인간은 같은 것이 아니다. 그러나 마찬가지로 어떤 것에서는 같은 것이지만, 어떤 것에서는 같은 것이 아니다.—그러므로 탐구할 때 음절이 기초 요소들과 함께 놓여 있는 것으로 이루어진 것이라고, 그리고 집은 구운 돌들과 함께 놓여 있는 것들이라고 표현하지 않는다. 그리고 이러한 것은 옳다. 왜냐하면 함께 놓여 있음이나 혼합은 함께 놓여 있음 혹은 혼합을 만든 것들로부터 이루어지지 않았기 때문이다. 그러나 다른 어떤 것도 이와 같다. 예를 들면 문지방이 놓임에서 문지방이라면, 놓임이 문지방으로부터 이루어진 것이 아니라 오히려 문지방이 놓임으로부터 이루어진 것이다. 그러므로 인간은 동물과 두 발이 아니라, 만일 이것들이 인간의 질료라면, 이것들 곁에 있는 어떤 것이어야 하지만, 기초 요소나 기초 요소로부터 이루어진 것이 아니라 오히려 질료를 제외시킨 것으로서 〔실체〕이다. 그러므로 만일 이러한 것이 있음과 실체의 원인이라면, 이러한 것을 실체 자체라고 일컬을 것이다. (그러므로 이러한 실체는 영원한 것이거나 혹은

사라짐이 없는 사라짐과 생겨남이 없는 생겨남임에 틀림없다. 그러나 아무도 형상을 만들거나 생기게 하지 못하고, 오히려 여기 이것 τόδε을 만들 뿐이라는 것, 그러나 형상과 질료로부터 만들어진 것이 생겨난다는 것을 다른 곳에서 분명하게 설명했다.[45] 그러나 실체들이 사라지는 것들로부터 분리될 수 있는 것인지, 이것은 아직 분명하지 않다. 그렇지만 많은 것들로부터 실체가 분리될 수 없다는 것은 분명하다. 예를 들면 집이나 옷처럼, 사물들을 배제하고 있을 수 없는 것들이 그렇다. 그러므로 대체로 실체들은 이러한 사물들 자체가 아니며, 본성적으로 함께 있지 않은 다른 것들의 어떤 것도 아니다. 왜냐하면 사람들은 본성을 단지 소멸하는 것들에서 있는 실체로 여기고 싶어 하기 때문이다.) 따라서 안티스테네스[46]의 제자들과 또 마찬가지로 교육되지 않은 자들이 빠진 어려운 문제는 어떤 정당성에 관한 것이다. 즉 무엇τὸ τί은 정의되는 것이 아니라(왜냐하면 정의란 장황한 언급이기 때문에), 오히려 은처럼 무슨 종류인지를 설명하고 가르칠 수 있는 것일 뿐, 〈그러나 정의됨은 불가능하며,〉 무엇은 가르칠 수 없지만, 구리와 같은 것이라고 말할 뿐이다. 따라서 실체에는 정의와 개념이 있을 수 있는 것이다. 예를 들면 감각적인 실체이거나 사유적인 실체이거나 간에, 실체는 함께 놓여 있는 것이다. 그러나 정의할 수 있는 개념은 어떤 것을 어떤 것에 의해서 표시하고 한편으로는 질료처럼 다른 한편으로는 형태처럼 있음에 틀림없기 때문에, 실체를 구성하는 맨 처음의 것들은 정의할 수 있는 개념이 아니다.—그러나 또한 이런 이유 때문에 실체들이 어떤 의미에서 수들인 경우에, 실체들은 이와 같은 의미에서 수들이며 어떤 사람들이 말한 것처럼[47] 유일한 것들의 수들이 아니라는 것은 자명하다. 왜냐하면 정의는 어떤 수이기 때문이다. 즉 정의는 분리할 수 있으며 또한 분리할 수 없는 것들로 분류되고(왜냐하면 개념들은 무한히 많은 것들이 아니기 때문에), 수 역시 이러한 종류이기 때문이다. 수를 구성하는 것들이 수로부터 빼지지 않거나 더해지지 않는 것처럼, 최소한 빼지거나 더해지는 경우에 같은 수가 1044a 아니라 오히려 다른 수이다. 이와 같은 의미에서 정의도 무엇임도 어떤 것이 빼지거나 더해진 것이 아닐 것이다. 그리고 〈왜냐하면〉 수는 수가 하나인 어떤 것, 만일 〔수가 하나라면,〕 저들이 무엇에서 수가 하나인지를 말하지 않은 어떤 것이어야만 하〈기 때문이〉다. (왜냐하면 수는 하나로 있는 것이 아니라 오히려 덩어리처럼 있기 때문이고, 혹은 만일 수가 하나라면, 하나가 많은 것들로부터 작용하는 것이 무엇인지를 말해야만 하기 때문이다.) 그리고 정의도 하나이기 때문에, 마찬가지로 저들은 정의가 무엇에서 하나인지를 말하지 않는다. 그리고 이러한 것은 실제로 일어난다. 왜냐하면 같은 근거로부터 일어나기 때문이며, 실체 또한 이와 같은 의미에서 하나이지만, 사람들이 말한 것처럼, 실체가 유일한 것 혹은 점이기 때문이 아니라, 오히려 각각의 실체는 완성태ἐντελέκεια와 어떤 본성φύσις이기 때문이다. 그리고 수가 많고 적음과 관계하지 않는 것처럼, 형상에서 실체는 많고 적음과 관계하지 않고, 오히려 만일 실체가 많고 적음과 관계한다면, 질료와 함께 있는 실체가 관계한다. 그러므로 언급된 실체들의 생겨남과 사라짐에 관하여, 그리고 실체들을 수로 이끈 것에 관하여, 어떻게 가능하며 어떻게 불가능한지, 이런 것들에 대해서까지 규정하도록 하자.

4. 질료적인 실체와 영원한 실체의 원인

그러나 질료적인 실체에 관하여, 비록 모든 것들이 같은 맨 처음의 요소로부터 혹은 맨 처음의 것들로서 같은 것들로부터 생성되고 시작·원리로서 같은 질료가 생성된 것들에서 있을지라도, 고유한 어떤 것은 개별적인 것에 속한다는 것을 잊어서는 안 된다. 예를 들면 달콤한 것들 혹은 지방질들은 점액의 〔맨 처음의 질료이며〕, 씁쓸한 것들 혹은 다른 어떤 것은 분노의 맨 처음의 질료이다. 그러나 대체로 이러한 것들은 같은 것으로부터 생성된다. 한 개의 질료가 다른 질료로부터 생성된 경우에, 많은 질료들이 같은 것으로부터 생성된다. 예를 들어 만일 지방질이 달콤한 것으로부터 생성된다면, 점액은 지방질과 달콤한 것으로부터 생성되지만, 분노를 처음의 질료로 분해시킨다면, 점액은 분노로부터 생성된다. 왜냐하면 먼저 생성된 것에서 혹은 원리에로 분해되는 것으로부터 이 두 가지 방법으로 여기 이것은 여기 저것으로부터 생성되기 때문이다. 그러나 질료가 하나일 때, 운동하는 원인을 통해서 다른 것들이 생성될 수 있다. 예를 들면 나무로부터 상자와 침대가 만들어질 수 있다. 그러나 많은 것들 중 질료가 다른 것들은 필연적으로 다른 것들로부터 생성된다. 예를 들면 톱은 나무로부터 만들어지지 않을 것이며 운동하는 원인 때문에 이러한 것이 만들어지지도 않을 것이다. 왜냐하면 톱을 양털이나 나무로는 만들 수 없기 때문이다. 그러나 만일 같은 것이 다른 질료로부터 만들어질 수 있다면, 기술과 운동의 원리가 같은 것이라는 것은 자명하다. 물론 만일 질료와 운동하는 것이 다른 것이라면, 생성하는 것도 역시 다른 것이다.—그러므로 누군가가 원인을 탐구하는 경우에, 원인들이 다양하게 언급되기 때문에, 모든 가능할 수 있는 원인들을 언급해야만 한다. 예를 들면 질료로서 무엇이 인간의 원인인가? 월경이 원인인가? 그리고 운동하는 것으로서 무엇이 원인인가? 씨앗이 원인인가? 그리고 형상으로서 무엇이 원인인가? 무엇임이 원인이다. 또한 어떤 것을 위한 것으로서 무엇이 원인인가? 목적이 원인이다. 그
1044b 러나 대체로 이들 양자는 같은 것이다. 그러나 가장 가까운 원인들을 말해야만 한다. 〈예를 들면〉 무엇이 질료인가? 질

료는 불 혹은 흙이 아니라 오히려 고유한 것이다. 그러므로 자연적인 실체들과 생겨나는 실체들에 관하여, 만일 이러한 탐구를 올바르게 이끈다면, 물론 원인들이 같은 것이고 같은 수이며 또 원인들을 알아야만 한다면, 이와 같은 방식으로 계속 진행해야만 한다. 그러나 한편으로는 자연적인 실체들에 관해서 다른 한편으로는 영원한 실체들에 관해서 다른 설명이 있다. 왜냐하면 대개 많은 실체가 질료와 관계하지 않기 때문이거나, 이러한 종류의 질료와 관계하지 않고 오히려 오로지 장소에 따라 운동할 수 있는 질료와 관계할 뿐이기 때문이다. 그러므로 질료는 자연에서 있지만, 실체들이 아닌 것들에서 있지 않고, 오히려 이러한 것들의 밑바탕은 실체이다. 예를 들면 무엇이 사라짐의 원인이며, 무엇이 질료인가? 왜냐하면 아무것도 없지만, 오히려 달이 사라지기 때문이다. 빛이 운동함과 사라짐의 원인은 무엇인가? 원인은 지구다. 그러나 대개 무엇을 위한 것τὸ οὗ ἕνεκα은 여기에는 없다. 형상으로서 무엇을 위한 것은 개념이지만, 개념이 원인과 함께 있지 않다면, 무엇을 위한 것은 분명하지 않다. 마찬가지로 사라짐은 무엇인가? 빛을 잃은 것이다. 그러나 만일 가운데에 오는 지구에 의해서 사라짐을 연결시킨다면, 이것은 원인과 함께 있는 개념이다. 그러나 잠자는 동안에는 맨 처음 작용하는 것이 무엇인지 분명하지 않다. 그러나 동물에서 맨 처음 작용하는 것이 무엇인지 분명한가? 물론, 그러나 동물의 경우에는 무엇에서, 그리고 무엇이 맨 처음 작용하는가? 심장 혹은 다른 어떤 것이다. 계속해서 무엇에 의해서 작용되는가? 나아가 전체가 아닌 심장 혹은 다른 어떤 것의 작용은 무엇인가? 이러한 종류는 운동하지 않음ἀκινησία인가? 물론, 그러나 어떤 것이 작용될 때 이것은 맨 처음의 것인가?

5. 질료와 변화

그러나 많은 것들은, 예를 들면 점들처럼, 생겨남과 사라짐이 없이 있으며 있지 않기 때문에, 만일 이러한 것들이 있다면, 그리고 단순히 형상들이 그런 것들이라면(왜냐하면 만일 모든 생성되는 것은 무엇으로부터 생성되고, 무엇이 생성된다면, 하얀 것이 아니라 오히려 하얀 나무가 생성되는 것이기 때문에), 모든 대립하는 것들은 서로로부터 생성될 수 없을 것이고, 오히려 이와는 다르게 하얀 인간은 검은 인간으로부터 그리고 하얀 것은 검은 것으로부터 생성될 것이다. 또한 질료는 모든 것들에게 속하는 것이 아니라 생성과 서로에게로 변화가 일어나는 것들에게만 속한다. 그러나 변화하는 것 없이 있거나 혹은 있지 않은 것들의 질료는 있지 않을 것이다.—그러나 각각의 질료가 어떻게 대립적인 것들에 관계하는지는 어려운 문제다. 예를 들어 만일 육체τὸ σῶμα가 가능태에서 건강하고, 질병이 건강함에 대립된다면, 육체는 가능태에서 이 양쪽과 관계하는가? 그리고 물은 가능태에서 포도주와 식초인가? 혹은 물은 상태에 따른 그리고 형상에 따른 물의 질료이나, 본성에 반하는 질료의 결핍과 사라짐에 따른 물의 질료인가? 그러나 다음과 같은 문제가 있다. 즉 무엇 때문에 포도주는 식초의 질료가 아니고 가능태에서 식초도 아니며(그렇지만 식초는 포도주로부터 생성되는데), 또한 무엇 때문에 살아 있는 것은 가능태에서 죽은 것이 아닌가? 혹은 그렇지 않고, 무엇 때문에 오히려 소멸하는 것들은 덧붙여진 것에서 있지만, 살아 있는 것의 질료 자체는 소멸하는 것에서 죽는 것의 가능태며 질료이고, 물은 식초의 가능태며 질료인가? 왜냐하면 밤이 낮으로부터 생겨나는 것처럼 이러한 것들로부터 생겨나기 때문이다. 그리고 사실 이와 같은 방식에서 서로에게로 변화하는 것들은 질료로 되돌아가는 것임에 틀림없다. 예를 들어 만일 죽은 것으로부터 생명체가 생겨난 것이라면, 생명체는 먼저 질료로 되돌아가야만 하며, 다음으로 이와 같은 방식에서 생명체가 생성된다. 그리고 식초는 물로 되돌아가며, 그다음에 같은 방식에서 포도주가 된다.

6. 정의가 하나임의 원인

그러나 정의들에 관해 그리고 수들에 관해 언급된[48] 어려운 문제에 대하여, 이것들이 하나임의 원인은 무엇인가? 왜냐하면 많은 부분들과 관계하는 모든 것들의 경우에 그리고 모든 것이 덩어리처럼 그런 것이 아니라 오히려 부분들에 대한 전체인 모든 것들의 경우에는, 어떤 원인이 있기 때문이다. 즉 물체들에서 하나임의 원인은 어떤 것들에서는 연결이며 다른 것들에서는 끈적끈적함 혹은 다른 이러한 종류의 경향성이기 때문이다. 그러나 《일리아스》처럼 함께 묶인 것에서가 아니라 오히려 하나에 속하는 것에서 정의는 하나의 개념이다. 그러므로 인간을 하나로 만드는 것은 무엇이며, 또 예를 들어 생명체와 두 발처럼, 특히 사람들이 말한 것처럼, 만일 어떤 생명체 자체와 두 발 자체가 있다면, 무엇 때문에 인간은 하나이고 여럿이 아닌가? 도대체 무엇 때문에 인간은 저것들 자체가 아니며, 인간들은 인간이나 하나에 참여하여κατὰ μέθεξιν 있지 않고 오히려 양자에, 즉 생명체와 두 발에 참여하여 있는가, 그리고 무엇 때문에 단순히 인간은 하나가 아니라 여러 가지, 즉 생명체와 두 발일 것인가? 그러므로 습관처럼 그렇게 정의하고 언급하는 것을 계속 행한다면, 어려운 문제를 설명할 수 없고 풀 수 없다는 것은 자명하다. 그러나 우리가 말한 것처럼, 만일 어떤 것이 한편으로는 질료이고 다른 한편으로는 형태이며, 또 한편으로는 가능태에서 있고 다른 한편으로는 활동태에서 있다면, 탐구되는 것이 더 이상 어려운 문제라고는 여겨지지 않을 것이다. 왜냐하면 만일 옷의 정의가 둥근 광석이라면, 이러한 정의는 어려운 문제 자체이기 때문이다. 즉 이러한 이름은 개념의 표시일 것이기 때문이다. 그러므로 탐구되는 것은 다음과 같은 것이다. 즉 둥근 것과 광석이 하나임의 원인은 무엇인가? 사실 한편으로는 질료이며 다른 한편으로는 형태인 것은 더 이상 어려운 문제로 여겨지지 않는다. 확실히 생성이 일어나는 많은 것들에서 작용하는 것을 제외하고, 가능태에서 있는 것이 활동태에서 있는 원인은 무엇인가? 왜냐하면 가능태에서 공이 활동태에서 공인 것의 원인과 서로 다른 것이 아니라, 오히려 이러한 원인은 이 둘 각각에서 무엇임이기 때문이다. 그러나 질료는 한편으로는 사유할 수 있는 질료이며 다른 한편으로는 지각할 수 있는 질료이다. 그리고 항상 개념은 한편으로는 질료이며 다른 한편으로는 활동태이다. 〔예를 들면 원이 평평한 모양인 것처럼〕 그러나 사유할 수도 지각할 수도 없는 질료와 관계하지 않는 것들은, 마찬가지로 있는 것인 것, 즉 여기 이것, 질, 양처럼, 그렇게 하나임은 개별자[49]이다.—그리고 이런 이유 때문에 있는 것τὸ ὂν이나 하나τὸ ἕν는 정의들에서 있지 않다.—그리고 무엇임은 있는 것처럼 그렇게 하나이다.—또한 이 때문에 이것들 중 어떤 것에서든 하나임의 원인이나 있는 것임의 원인은 서로 다른 것이 아니다. 왜냐하면 바로 각각은 어떤 있는 것과 어떤 하나이지만, 유에서γένει 있는 것과 하나에서 있는 것이 아니며, 또한 개별자들로부터 분리되어 있는 것들도 아니기 때문이다. 그러나 이러한 어려운 문제 때문에 일부의 사람들은 참여μέθεξις를 언급하지만, 그들은 참여의 원인이 무엇이며 참여함이 무엇을 의미하는지에 대해 어려움에 빠졌다. 그리고 루코프론[50]이 인식된 것과 영혼으로부터 학문이 이루어진다고 주장한 것처럼, 다른 일부의 사람들은 〔영혼과〕 함께 있음을 말한다. 또 다른 일부의 사람들은 살아 있음은 육체에서 영혼이 함께 놓여 있음 혹은 함께 묶여 있음이라고 말한다. 그렇지만 같은 근거가 모든 것들에 적용되어야 한다. 왜냐하면 건강하다는 것은 영혼과 건강이 함께 있음 혹은 함께 묶여 있음, 혹은 함께 놓여 있음일 것이기 때문이다. 그리고 청동이 삼각형인 것은 청동과 삼각형이 함께 놓여 있음이며, 또한 하얀 것임은 표면과 하얀색이 함께 놓여 있음이다. 그러나 이러한 것의 이유는 통일된 개념과 차이를 가능태와 완성태로부터 탐구한 것에 있다. 〘그러나 언급된 것처럼, 맨 마지막의 질료와 형태는 같은 하나인데, 질료는 가능태에서 형태는 활동태에서 있다. 따라서 하나와 하나임의 원인이 무엇인지를 탐구하는 것은 같은 것이다. 왜냐하면 하나는 개별자이며, 가능태에서 있는 것과 활동태에서 있는 것은 어떤 방식에서 하나이기 때문이다. 그러므로 가능태로부터 활동태로 운동하는 것을 제외한 다른 원인은 없다. 그러나 질료와 관계하지 않는 모든 것들은 순수하게 하나다.〗

Θ.
가능태에 대한 탐구

1. 가능태에 대한 정의

그러므로 맨 처음에 있는 것에 관해서 그리고 있는 것의 다른 모든 틀들을 이루는 것에 관해서, 즉 실체에 관해서 이야기했다[51](왜냐하면 실체의 개념과 관계해서 다른 있는 것들이, 즉 양과 질 그리고 이와 같이 일컬어지는 다른 것들이 언급되기 때문이다. 왜냐하면 우리가 맨 처음 논의에서 말한 것처럼,[52] 모든 것들은 실체의 개념과 관계할 것이기 때문이다). 그러나 있는 것은 한편으로는 이 때문에 어떤 것 혹은 질 혹은 양이라고 일컬어지며, 다른 한편으로는 가능태와 완성태에서 그리고 활동에서 일컬어지기 때문에, 우리는 가능태와 완성태에 대하여 규정할 것이다. 그리고 가장 적절하게 언급된, 사실 우리가 바라던 것을 위해서 가장 유익하지 않은 가능태에 관해서 먼저 언급할 것이다. 왜냐하면 가능태와 활동태는 단지 운동과 관련하여 언급된 것들보다 더 많기 때문이다. 그러나 이러한 가능태에 관해서는, 활동태와 다른 가능태들에 관해 규정하는 곳들에서 명쾌하게 설명할 것이다.[53] 그러므로 가능태와 가능해지는 것ἡ δύναμις καὶ τὸ δύνασθαι이 여러 가지로 일컬어진다는 것을 다른 곳에서 규정했다.[54] 이러한 것들로부터 한편으로는 같은 이름으로 일컬어지는 가능태들에 대해서는 그냥 지나가자(왜냐하면 기하학에서 가능한 것들과 불가능한 것들을 어떤 방식으로 있음 혹은 있지 않음이라고 언급한 것처럼, 몇몇의 가능태들은 같은 어떤 것들에서 언급되기 때문이다). 다른 한편으로는 같은 종과 관계하는 가능태들은 모두가 어떤 원리들이며, 이것들은 다른 것에서 혹은 다른 것인 한에서 변화의 원리인 맨 처음의 한 개의 가능태와 관련하여 언급된다. 왜냐하면 가능태는 경향성에 속하는데, 작용되는 것 자체에서 다른 것에 의해서 혹은 다른 것 자체에 의해서 작용되는 변화의 원리이기 때문이다. 그러나 이것은 변화할 수 있는 원리에 의해 다른 것에 의해서 혹은 다른 것 자체에 의해서 나쁜 것과 사라짐으로 쉽게 작용되지 않는 속성ἡ ἕξις이다. 왜냐하면 맨 처음의 가능태의 개념은 이러한 모든 정의들 안에서 있기 때문이다. 그리고 더욱이 이러한 것들은 단지 작용하는 것의 혹은 작용되는 것의 혹은 잘 작용하고 작용되는 것의 가능태라고 일컬어진다. 따라서 맨 처음의 가능태들의 개념들이 이러한 가능태들의 개념들 안에서 어떤 방식으로 실제로 있다. ─ 그러므로 한편으로는 작용하는 것과 작용되는 것의 가능태가 하나라는 것과(왜냐하면 작용하는 것은 작용되는 것의 가능태와 관계에서 그리고 작용되는 것은 작용하는 것에 의해서 가능한 것이기 때문에), 다른 한편으로는 다른 것이라는 것이 자명하다. 다시 말하면 한편으로는 가능태는 작용되는 것에서 있으며(왜냐하면 어떤 원리와 관계를 통해서, 그리고 질료가 어떤 원리라는 것을 통해서, 작용되는 것이 작용되며, 다른 것은 다른 것에 의해서 작용되기 때문이다. 즉 기름진 것은 태워질 수 있는 것이며 같은 방식에서 과도하게 주는 것은 완전히 짓누르는 것이지만, 또한 다른 것들에서도 마찬가지이기 때문에), 다른 한편으로는 작용하는 것에서 있다. 예를 들면 열과 건축하는 기술, 열은 따뜻한 것에서 그리고 건축하는 기술은 건축하는 자에게서 있다. 이런 이유로 어떤 것이 함께 성장하는 한에서, 그것은 자신에 의해서 작용되지 않는다. 왜냐하면 그것은 하나이며 다른 것이 아니기 때문이다. 그리고 불가능태ἡ ἀδυναμία와 불가능한 것은 이러한 종류의 가능태에 대립하는 결핍이다. 따라서 같은 사물로부터 그리고 같은 사물에서 모든 가능태는 불가능태와 함께 있다. 그러나 결핍은 여러 가지 의미로 일컬어진다. 즉 결핍은 일반적으로 혹은 본성상 갖기에 적합한 때에 혹은 이와 같은 방식에서, 예를 들면 완전히 완성된 것에서도 혹은 어떠한 방식에서도 갖지 못한 것이며 본성상 가진 것을 가질 수 없는 것이다. 그러나 많은 것들에서, 본성상 갖기에 적합한 것들을 힘을 통해서 가질 수 없다면, 우리는 이러한 것들을 결핍된 것이라고 부른다.

2. 이성[55]과 관계한 가능태와 이성과 관계하지 않은 가능태

그러나 이러한 종류의 원리들이 한편으로는 영혼이 없는 것들에서, 다른 한편으로는 영혼을 갖는 것들에서 그리고 영혼에서 또한 영혼의 이성을 갖는 것에서 실제로 있기 때문에, 가능한 것들 중 일부는 이성이 없는 것들일 것이며 일부는 이성과 함께 있는 것들일 것이라는 것은 아주 자명하다. 이런 이유 때문에 모든 기술과 창작하는 학문은 가능태들이다. 왜냐하면 이것들은 다른 것에서 혹은 다른 것인 한에서 변화할 수 있는 원리들이기 때문이다. 그리고 이성과 함께 있는 모든 가능태들은 대립자들에 대하여 같은 가능태들이지만, 이성이 없는 것들은 한 가지에 대하여 한 개의 가능태이다. 예를 들면 열은 단순히 따뜻하게 하는 가능태이지만, 의술은 질병과 건강의 가능태이다. 그리고 이러한 것의 이유는 학문이 이성이라는 것이다. 그러나 같은 이성은 사태πρᾶγμα와 결핍을 설명할 것이지만, 같은 방식에서 설명하는 것은 아니며, 또한 대립하는 양자에 속하지만 오히려 실제로 있는 것에 속한다. 따라서 이러한 종류의 학문들은 필연적으로 대립하는 것들의 학문들이지만, 일부는 이러한 학문들 자체에 따른 학문들이고 일부는 이러한 학문들 자체에 따르지 않는 학문들이다. 왜냐하면 이성은 한편으로는 자체에 따른 이성이지만 다른 한편으로는 어떤 방식에서 덧붙여진 것에 따른 이성이기 때문이다. 즉 대립하는 것을 부정과 제거에서 설명할 수 있기 때문이다. 왜냐하면 대립하는 것은 맨 처음의 결핍이지만, 이 결핍은 대립하는 다른 한 개가 제거된 것이기 때문이다. 그러나 대립적인 것들은 같은 것에서 함께 생겨나지 않고, 학문은 이성과 관계하는 것에서 가능태이며, 영혼은 운동의 원리와 관계하기 때문에, 사실 건강한 것은 단지 건강을, 따뜻하게 할 수 있는 것은 따뜻함을 그리고 차게 할 수 있는 것은 차가운 것을 만들 뿐이지만, 학문들에 속하는 이성은 대립하는 두 양자에 모두 작용한다. 왜냐하면 이성은 두 양자에 속하지만, 같은 방식에서는 아니며, 운동의 원리와 관계하는 영혼에서 있기 때문이다. 따라서 대립하는 양자는 같은 사물과 서로 결합할 때 같은 원리에 의해서 운동할 것이다. 이런 이유 때문에 이성에 따른 가능한 것들은 이성이 없는 가능한 것들에 대립할 것이다. 왜냐하면 대립자는 하나의 원리, 즉 이성에서 파악되기 때문이다. 그러나 단순히 작용하는 것의 혹은 작용되는 것의 가능태는 좋은 가능태에 속하지만, 좋은 가능태가 단지 작용하는 것의 혹은 작용되는 것의 가능태에 언제나 속하는 것은 아니라는 것이 명백하다. 왜냐하면 잘 작용하는 것은 필연적으로 작용하지만, 단순히 작용하는 것은 필연적으로 잘 작용하는 것은 아니기 때문이다.

3. 운동과 가능태

그러나 메가라학파처럼, 활동하는ἐνεργῇ 경우에만 단지 가능할 것이며 활동하지 않는 경우에는 가능하지 않을 것이라고 말하는 자들이 있다. 예를 들면 건축하지 않는 자는 건축하는 것이 가능하지 않을 것이지만, 건축하는 경우에 건축하는 자는 건축하는 것이 가능하다. 그러나 또한 다른 것들에서도 마찬가지다. 이들에게서 적합하지 않은 것들을 보는 것은 어렵지 않다. 왜냐하면 건축하지 않는다면 더 이상 건축가가 아니라는 것이 명백하기 때문이다(즉 건축가로 있음은 건축하는 것이 가능함에서 있음이다). 그러나 또한 다른 기술들에서도 마찬가지다. 그러므로 만일 한 번도 배우거나 획득한 바 없이 이러한 종류의 기술을 갖는 것이 불가능하며, 한 번도 잊지 않고 이러한 종류의 기술을 가질 수는 없다는 것
1047a 이 불가능하다면(망각에서 혹은 경향성에서 혹은 시간에서. 왜냐하면 사태는 사라지는 것이 아닌, 즉 영원한 것이기 때문에), 건축

가가 건축하는 일을 중단하는 경우에는 기술을 갖지 않게 될 것인데, 그러나 다시 곧바로 그가 건축을 하려고 한다면, 어떻게 기술을 획득할 것인가? 그리고 영혼을 갖지 않는 것들도 역시 마찬가지다. 왜냐하면 차가운 것도 따뜻한 것도 달콤한 것도 그리고 단순히 지각할 수 있는 것도 지각되지 않는 것들로부터는 있을 수 없을 것이기 때문이다. 따라서 이들의 주장은 프로타고라스의 학설[56]과 만나게 될 것이다. 그러나 확실히 감각적으로 지각하지 못하거나 작용하지 않는다면, 감각적 지각을 갖지 못할 것이다. 그러므로 만일 눈을 갖지 못한 것은, 그러나 나면서부터 그리고 본성상 갖기에 적합한 때에 더욱이 무슨 〈특성에 따라서〉 눈을 갖지 못한 것은 볼 수 없는 것이라면, 이러한 볼 수 없는 자들은 하루에도 여러 번 볼 수 없을 것이다. 그리고 벙어리들도 그럴 것이다. 더 나아가 만일 가능태를 결핍하지 않는다면, 생겨나지 못한 것은 생겨남이 가능하지 않은 것이다. 그러나 생겨남이 가능하지 않은 것을 있음 혹은 있게 될 것이라고 말하는 자는 거짓말을 하는 것이 될 것이다(왜냐하면 이러한 것은 가능하지 않음을 나타내기 때문이다). 따라서 이러한 학설들은 운동과 생겨남을 배제한다. 왜냐하면 서 있는 것은 항상 서 있을 것이며 앉아 있는 것은 항상 앉아 있을 것이기 때문이다. 즉 만일 앉아 있다면 서 있지 않을 것이기 때문이다. 다시 말하자면 서 있는 것이 가능하지 않은 것은 서 있는 것이 불가능할 것이기 때문이다. 그러므로 만일 이러한 것들을 말할 수 없다면, 가능태와 활동태가 서로 다른 것임은 자명하다(그러나 저러한 이론들은 가능태와 활동태를 같은 것으로 다루며, 이 때문에 가능태와 활동태의 차이를 제거하기 위하여 적지 않게 어떤 것을 탐구했다). 따라서 있을 수 있는 것이지만 있을 수 없는 것일 수 있으며, 있을 수 없는 것이지만 있을 수 있는 것일 수 있다. 또한 같은 방식으로 다른 술어들에서 걸을 수 있는 것이 걸을 수 없는 것이며, 걸을 수 없는 것이 걸을 수 있는 것이다. 그러나 만일 활동태가 가능할 수 있다면 가능태와 관계하는 것으로 일컬어지는 것은 가능한 것이며, 결코 불가능한 것은 없을 것이다. 그러나 만일 앉아 있음이 가능하며 앉아 있을 수 있다면, 이 때문에 만일 앉아 있음이 실제로 일어난다면, 불가능한 것은 아무것도 있지 않다고 나는 생각한다. 그리고 만일 운동됨 혹은 운동함, 서 있음 혹은 세워짐, 있음 혹은 생겨나게 함, 있지 않음 혹은 생겨나지 않음이 가능한 것이라면, 마찬가지로 불가능한 것은 있지 않다. 그러나 완성태와 관계하고 있는 활동태라는 이름은 특히 운동들을 통해서 다른 것들로 진행해간다. 왜냐하면 활동태는 무엇보다도 운동이라고 여겨지기 때문이다. 이런 이유 때문에 사람들은 있지 않은 것들에게 운동됨을 부여하지 않지만, 다른 어떤 틀들을 부여했다. 예를 들면 있지 않은 것들은 사유될 수 있는 것들이며 열망될 수 있는 것들이지만, 운동되는 것들은 아니다. 이러한 것은 활동태에서 있지 않은 것들이 활동태에서 있게 될 그런 것이다. 왜냐하면 있지 않은 것들 중 1047b
몇몇은 가능태에서 있기 때문이다. 그러나 완성태에서 있지 않은 것은 가능태에서 있지 않다.

4. 필연성과 가능태

그러나 만일 앞서 언급된 것[57]으로서 가능한 것은 활동태가 뒤따르는 한에서 가능한 것이라면, 여기 이것τοδί은 가능한 것이지만, 있지는 않을 것이라고 말하는 것은 분명히 참일 수 없다. 따라서 불가능한 것들은 활동태에서 벗어난 것이다. 그러나 만일 어떤 자가—불가능한 것을 고려하지 않는 자가—대각선이 측정될 수 있다고 말한다면, 그러나 측정되지는 않을 것이라고 나는 생각한다.[58] 왜냐하면 가능한 어떤 것이 있거나 혹은 생성되거나, 있지 않거나 있지 않을 것을 어떤 것도 방해하지 않기 때문이다. 그러나 다음의 것은 전제들로부터 필연적으로 일어난다. 즉 만일 아직 있지는 않지만 가능한 것이 있음 혹은 생겨났음을 전제한다면, 결국 불가능한 것은 어떤 것도 있지 않을 것이다. 그러나 불가능한 일은 일어날 것이다. 왜냐하면 대각선을 측정한다는 것은 불가능한 것이기 때문이다. 왜냐하면 사실 거짓과 불가능한 것은 같은 것이 아니기 때문이다. 즉 당신이 지금 서 있다는 것은 거짓이지만, 불가능한 것은 아니기 때문이다. 그러나 또한 동시에 만일 B가 있음은 A가 있는 것으로부터 필연적으로 발생한다면, A가 있음이 가능할 때 필연적으로 B가 있음이 가능할 것임은 자명하다. 왜냐하면 만일 가능한 것이 필연적이지 않다면, 가능한 것이 있지 않을 수 있음을 어떤 것도 막지 못할 것이기 때문이다. 그러므로 A가 가능한 것이라고 하자. A가 가능한 것일 때, 만일 A가 세워졌다면, 불가능한 것은 어떤 것도 일어나지 않는다. 그리고 B는 필연적으로 있다. 그러나 이러한 것은 불가능하다. 그러므로 불가능한 것이라고 하자. 만일 실제로 B가 있음이 〔필연적으로〕 불가능하다면, 또한 A가 있음도 필연적으로 불가능하다. 그러나 맨 처음의 것이 불가능한 것이었다. 그리고 물론 두 번째 것 역시 불가능한 것이었다. 그러므로 A가 있을 때 B가 필연적으로 있는 것과 같은 방식으로 관계하기 때문에, 만일 A가 가능한 것이라면, B 역시 가능한 것일 것이다. 그러므로 만일 A B가 이와 같은 방식으로 관계할 경우에 이와 같은 방식에서 B가 가능하지 않다면, A B는 세워졌던 것처럼 그렇게 관계하지는 않을 것이다. 그리고 만일 A가 가능할 때 B도 필연적으로 가능하다면, 만일 A가 있다면 B 또한 필연적으로 있다. 왜냐하면 만일 A가 가능하다면, 필연적으로 B가 있음이 가능하기 때문이다. 이러한 것은 만일 A가 어느 때 그리고 어떤 방식에서 가능한 것으로서 있다면, B 또한 이때에 그리고 이와 같은 방식에서 필연적으로 있다.

5. 작용과 가능태

그러나 모든 가능태들은 한 가지는 감각적 지각처럼 태어남과 함께 갖는 것이며, 한 가지는 피리를 부는 것처럼 연습을 통해서, 한 가지는 기술들에 관한 것처럼 배움을 통해서 얻는 것이다. 연습과 이성을 통해서λόγῳ[59] 얻어진 가능태들은 앞서 활동했던 것들과 필연적으로 관계하지만, 이러한 종류가 아닌 것들과 수동적인 것들은 필연적으로 관계하는 것은 아니다. 그러나 가능한 것은 어떤 것이, 어느 때, 어떤 방법으로 그리고 다른 것이 필연적으로 이미 규정되어 있는 한에서 가능한 것이기 때문에, 가능한 것들은 한편으로는 이성에 따라서 운동함이 가능하고 이것들의 가능태들은 이성과 함께 있으며, 다른 한편으로는 이성이 없는 것들이고 이것들의 가능태들도 이성이 없는 것들이기 때문에, 이성과 함께 있는 가능한 것들은 필연적으로 살아 있는 것에서 있으며, 이성이 없는 가능한 것들은 양쪽, 즉 살아 있는 것과 살아 있지 않은 것에서 있다. 그리고 한편으로는 작용할 수 있는 것과 작용될 수 있는 것이 가능한 것으로 서로 밀접하게 있는 한에서 이성이 없는 가능태들은 필연적으로 앞의 것은 작용하는 것이며 뒤의 것은 작용되는 것이다. 그러나 다른 한편으로는 이성과 함께 있는 가능태들은 작용하는 것과 작용되는 것이 필연적이지 않다. 왜냐하면 모든 이성이 없는 가능태들은 한 개의 가능태가 한 개의 가능태에 의해서 작용하지만, 이성과 함께 있는 가능태들은 대립자들에 의해서 작용하기 때문이다. 따라서 대립하는 것들이 이것들에서 동시에 작용한다. 이러한 것은 불가능하다. 그러므로 두 대립자들 중 활동태로 결정하는 것은 대립하는 것들과는 다른 어떤 것이어야만 한다. 그러나 나는 이러한 결정하는 것을 열망 혹은 자유 의지προαίρεσιν라고 생각한다. 왜냐하면 가능할 것이 실제로 있으며 작용될 수 있는 것에 가까이 있을 경우, 대립자 중 어떤 것으로 강렬하게 열망되는 것이 작용할 것이기 때문이다. 따라서 가능태와 관계하는 것을 열망하는 그리고 그것과 관계하는 것으로 열망하는 모든 가능한 것은 이성에 따라 필연적으로 작용할 것이다. 그리고 작용되는 것이 지금 있으며 그러그러한 방식에서 〔작용하는 것과〕 관계할 때 작용되는 것이 가능한 것과 관계한다. 그러나 만일 이렇지 않다면, 가능한 것이 작용한다는 것은 불가능할 것이다(왜냐하면 밖에 있는 것들 중 어떠한 것도 가능한 것을 방해하지 않는다면, 가능한 것이 다시 규정되지 않을 것이기 때문이다. 즉 작용하는 것의 가능태로서 가능한 것은 가능태와 관계하는데, 그러나 모든 방식에서가 아니라 오히려 밖에서 방해하는 것들이 배제될 관계들 중 어떤 방식에서 가능태와 관계한다. 왜냐하면 이러한 것들은 규정에서 있는 것들 중 몇몇을 제외시키기 때문이다). 이런 이유 때문에 만일 둘 혹은 대립자들이 동시에 작용하는 것을 기대하거나 혹은 열망한다면, 이것들은 작용하지 않을 것이다. 왜냐하면 이와 같은 방식으로는 이것들의 가능태와 관계하지 못하며 또한 이것들의 가능태가 동시에 작용하는 것은 없기 때문이다. 왜냐하면 가능태가 속하는 것들은 같은 방식에서 작용할 것이기 때문이다.

6. 가능태에서 있는 활동태

그러나 운동에서 언급되는 가능태에 관하여 이야기했기 때문에, 활동태에 관하여 활동태란 무엇이며 어떤 종류인지를 규정하고자 한다. 왜냐하면 다른 것이 본성적으로 운동하기에 적합한 것, 혹은 순수하게 혹은 어떤 방법으로 다른 것에 의해 본성적으로 운동되기에 적합한 것을 가능한 것이라고 일컬은 것뿐만 아니라, 그 밖에 다른 방법으로 가능한 것이라고 일컬은 것 또한 구분할 때 가능한 것이 동시에 분명해질 것이기 때문이다. 이런 이유 때문에 이러한 것들에 관하여 탐구할 때에도 우리는 깊이 숙고했다. 물론 활동태는 우리가 가능태에서 언급한 것과는 다른 방식으로 사태가 실제로 있음이다. 그러나 예를 들면 나무에서 헤르메스의 조각상을 그리고 감소될 수 있기 때문에 전체에서 절반을 말하는 것처럼, 또한 고찰하는 것이 가능할 수 있기 때문에 고찰하지 않은 자를 아는 자라고 말하는 것처럼, 우리는 사태를 가능태에서 말한다. 그러나 사태는 활동태에서 있다. 그러나 우리가 말하고 싶어 한 것은 귀납 법칙을 통하여 개별적인 것들에서 분명해지며, 우리는 모든 것의 정의를 탐구할 필요는 없고 오히려 유사한 것에서 탐구해야만 한다. 왜냐하면 1048b 집 짓는 것이 집 짓는 기술과 관계하며, 깨어 있는 것은 자는 것과 관계하고, 또한 보는 것은 한편으로는 눈을 감는 것과 다른 한편으로는 눈을 갖는 것과 관계하는 것처럼, 그리고 질료와 구별되는 것이 질료와 관계하며, 완료된 일이 완료되지 않은 일과 관계하기 때문이다. 그러나 규정된 활동태는 이러한 차이의 한 부분이며, 가능한 것은 다른 한 부분이라고 하자. 그러나 모든 것은 활동태에서는 이러한 것이 이러한 것에서 혹은 이러한 것과 관련하여, 여기 이것이 여기 이것에서 혹은 여기 이것과 관련하여 언급되는 것과 같은 이런 유추적 방법 이외의 다른 방법으로는 언급되지 않는다. 왜냐하면 한편으로는 운동이 가능태와 관련하여 다른 한편으로는 실체가 어떤 질료와 관련하여 언급되는 것처럼 활동태에서 모든 것은 유추를 통해서 언급되기 때문이다. 그러나 또한 다른 방식에서 무한과 텅 빈 것τὸ ἄπειρον καὶ τὸ κενόν은, 그리고 이러한 종류들에 속하는 것들은, 많은 있는 것들에서처럼, 예를 들면 보는 것에서, 걷는 것에서 그리고 보이는 것에서처럼 가능태와 활동태에 따라 일컬어진다. 왜냐하면 한편으로는 이러한 것은 단지 어느 때엔 참이 될 수 있기 때문이다(즉 보이는 것τὸ ὁρώμενον은 한편으로는 보이는 한에서이며, 다른 한편으로는 보이는 것이 가능한 한에서이기 때문이다). 다른 한편으로는 무한은 활동태에서 분리할 수 있게 될 것처럼 그렇게 가능태에서 있지 않고 오히려 사유에서 있다. 왜냐하면 분리를 멈추지 않음은 이러한 활동태가 가능태에서 있음을 설명하는 것이지만, 활동태가 가능태에서 분리됨을 설명하는 것은 아니기 때문이다.

〚그러나 한계πέρας가 있는 행함들πράξαι 중 어떤 행함도 끝τέλος이 아니며 오히려 끝과 관계하는 행함들이 끝이기 때문에, 예를 들면 말라감은 〔자체〕〔마름〕인 것처럼, 그러나 이와 같은 방식에서 말라갈 때 말라가는 것들은 운동 중에 있기 때문에, 운동이 어떤 것을 위해서 실제로 있지 않은 것들은 행함πρᾶξις이 아니거나 혹은 끝남τελεία이 아니다. 왜냐하면 이러한 것은 끝을 갖지 않기 때문이다. 그러나 끝이 안에 있는 다음의 것은 행함이다. 예를 들면 보며 동시에 〈보았었다,〉 의식하며 〈의식했었다,〉 그리고 사유하며 사유했었다는 행함이지만, 배우며 배웠었다나 건강해지며 건강

할 수 있다는 행함이 아니다. 동시에 잘 살고 있으며 잘 살았었다, 그리고 행복하며 행복했었다도 행함이 아니다. 그러나 만일 그렇지 않다면, 말라가는 경우에서처럼 어느 땐가는 행함이 정지되었어야만 한다. 그러나 지금은 정지해 있지 않고, 오히려 살고 있으며 살았었다. 그러므로 이것들 중 앞의 것들을 활동태들로, 뒤의 것들을 운동들로 언급해야만 한다. 왜냐하면 모든 운동은 끝나지 않은 것ἀτελής이기 때문이다. 마름, 배움, 걸음, 집을 지음이 그러하다. 그리고 이러한 것들은 운동들이며, 또한 끝나지 않는 것들이다. 왜냐하면 걷고 있다와 걸었었다, 집을 짓는다와 집을 지었었다 그리고 생겨난다와 생겨났었다 혹은 운동된다와 운동되었었다는 동시에 일어날 수 없으며, 오히려 〔운동한다와 운동했었다는〕 서로 다른 것ἕτερον이기 때문이다. 그러나 동시에 보았었다와 본다, 사유한다와 사유했었다는 같은 것이다. 그러므로 나는 뒤의 이러한 종류를 활동태라고 여기고, 앞의 것들은 운동이라고 생각한다.〙 따라서 무엇τὸ τί과 어떤 종류가 활동태에서 있는지, 이러한 것들로부터 그리고 이러한 종류들로부터 우리를 분명하게 하자.

7. 가능태에서 있는 것

그러나 언제 개별자가 가능태에서 있으며 언제 있지 않은지 규정해야만 한다. 왜냐하면 어느 때에는 개별자는 가능태 1049a
에서 있지 않기 때문이다. 예를 들면 흙이 가능태에서 인간인가? 혹은 그렇지 않고, 오히려 이미 씨앗σπέρμα이 생성된 경우에, 또한 이때도 대개는 아직 인간이 아닌가? 그러므로 모든 것이 의술에 의해서도 우연에 의해서도ἀπὸ τύχης 치료되지 않고, 오히려 가능한 어떤 것이 있는 것처럼, 이러한 것은 가능태에서 건강한 것이다. 그러나 외부에 있는 것들로부터 어떠한 방해도 받지 않고 의도된 것이 생성되는 경우에, 규정된 것은 완성태에서 사유에 의해 가능태에서 있는 것으로부터 생성된다. 그러나 자체에서 있는 것들이 어떠한 방해도 받지 않는 경우에, 규정된 것은 건강해진 것으로 있다. 그리고 가능태에서 집도 마찬가지다. 만일 이러한 것에서 그리고 집을 만드는 질료에서 있는 어떤 것도 방해받지 않는다면, 질료에서 있는 것들은 반드시 그것으로 되어야만 하거나 사라져야만 하거나 변화해야만 하는 것이 아니라면, 이러한 것은 가능태에서 집일 뿐이다. 그리고 생겨남의 원리가 밖으로부터 오는 다른 것들에서도 이와 마찬가지다. 그리고 생겨남의 원리를 자신 안에서 갖는 것들은, 외부에 있는 것들로부터 어떠한 방해를 받지 않는 한, 자신을 통해서 가능태에서 있을 것이다. 예를 들면 씨앗은 아직 가능태에서 있지 않다(왜냐하면 다른 것에서 변화해야만 하기 때문에). 그렇지만 자신의 원리를 통하여 이미 이러한 종류인 경우에, 이러한 것은 이미 가능태에서 있다. 그러나 흙이 아직 가능태에서 인간상이 아닌 것처럼(왜냐하면 흙이 변화하는 것은 청동이기 때문에), 씨앗은 다른 원리를 필요로 한다. 그러나 우리가 말한 것은 여기 이것이 아니라 이것으로부터 만들어진 것ἐκείνινον[60]으로 여겨진다.—예를 들면 작은 나무 상자는 나무가 아니라 나무로부터 만들어진 것이며, 나무는 흙이 아니라 흙으로부터 만들어진 것이고, 더 나아가 만일 흙이 이와 같은 방식에서 다른 것이 아니라 다른 것으로부터 만들어진 것이라면—항상 다른 것은 단지 가능태에서 다음의 것이다. 예를 들면 작은 나무 상자는 흙으로부터 만들어진 것도 아니고 흙도 아니며 나무로 만들어진 것이다. 왜냐하면 나무는 가능태에서 작은 나무 상자이며 작은 나무 상자의 질료 자체이고, 나아가 단순히 나무는 단순히 나무 상자의 질료이며 여기 이 나무는 여기 이 나무 상자의 질료이기 때문이다. 그러나 만일 다른 것 다음에 여기 이것으로부터 생성된 것으로 일컬어지지 않는 것이 맨 처음의 것으로서 무엇이라면, 이러한 것은 맨 처음의 질료이다. 예를 들어 만일 흙이 공기로부터 생성된 것이라면, 그러나 공기는 불이 아니라 불로부터 생성된 것이라면, 여기 어떤 이것이 있지 않을 때 불은 맨 처음의 질료이다. 왜냐하면 무엇에서 있는 것과 밑바탕은 이러한 것에서, 즉 여기 어떤 이것이 있음 혹은 있지 않음에서 구별되기 때문이다. 예를 들어 경향성들을 위한 밑바탕은 인간, 그리고 육체와 영혼이지만, 음악적인 것과 하얀 것은 경향성이다(음악이 생겨날 때, 경향성은 음악이 아니라 음악적인 것이며, 인간은 하얀색이 아니라 하얀 것이고, 걸음 혹은 운동이 아니라 걷는 것 혹은 운동되는 것이라고 일컬어진다. 마치 여기 이것으로부터 만들어진 것처럼).—그러므로 이와 같은 경우에, 맨 마지막의 것은 실체이다. 그러나 이와 같은 경우가 아니라 오히려 어떤 형상과 여기 어떤 이것이 틀 지어지는 것인 경우에, 맨 마지막의 것은 질료이며 질료적인 실체이다. 그리고 사실 여기 이것으로부터 만들어진 것이 질료와 경향성에서 일컬어지는 것은 옳다. 왜냐하면 이 양자는 규정할 수 없는 것이기 때문이다. 그러므로 어느 때에 가능태에서 언급해야만 하며 어느 때에 아닌지가 언급되었다.

8. 개념과 실체에서 가능태보다 앞선 활동태

그러나 보다 앞선 것τὸ πρότερον이 얼마나 많은 의미로 언급되는지를 규정했기 때문에, 활동태가 가능태보다 먼저라는 것은 자명하다. 그러나 나는 가능태를 다른 것에서 혹은 다른 것인 한에서 변화의 원리로 일컬어진 정의된 것일 뿐만 아니라 단순히 모든 운동 혹은 정지의 원리라고 여긴다. 왜냐하면 자연은 같은 것에서 〔생겨나기 때문이다.〕 즉 가능태로서 〔같은〕 유에서 생겨나기 때문이다. 왜냐하면 자연은 다른 것에서가 아니라 오히려 자체인 한에서 자체로 운동하는 원리이기 때문이다.—그러므로 활동태는 개념과 실체에서 모든 이러한 종류의 가능태보다 더 앞선 것이다. 그러나 어떤 의미로는 시간에서 더 앞서며, 어떤 의미로는 그렇지 않다. 그러므로 개념에서 활동태가 더 먼저라는 것은 자명하다 (왜냐하면 맨 처음에 가능한 것은 활동할 수 있는 것에서 가능한 것이기 때문이다. 예를 들면 나는 집 짓는 것이 가능한 것을 집을 지을 수 있는 것, 보는 것이 가능한 것을 볼 수 있는 것, 그리고 보이는 것이 가능한 것을 보일 수 있는 것이라고 생각한다. 그러나 같은 논의가 다른 것들에서도 적용된다. 따라서 한 개의 개념은 다른 개념보다 그리고 한 개의 앎은 다른 앎보다 더 앞서 있어야만 한다). 그러나 이러한 의미에서 활동태는 시간에서 가능태에 더 앞선다. 즉 종에서 같은 것은 활동태일 때 더 앞서지만, 수에서는 그렇지 않다. 그러나 나는 이러한 것을 다음과 같이 여긴다. 즉 질료와 씨앗과 보는 능력은 활동태에서 이미 있는 여기 이런 인간, 곡식 그리고 보는 것보다 시간에서 더 앞선다. 이러한 질료와 씨앗과 보는 능력은 가능태에서 인간, 곡식 그리고 보는 것이지만, 활동태에서는 아직 아니다. 그러나 시간에서 질료와 씨앗과 보는 능력보다 더 앞서 이것들을 생성시켰던 활동태에서 다른 것들이 있다. 왜냐하면 언제나 가능태에서 있는 것으로부터 활동태에서 있는 것은 활동태에서 있는 것에 의해서 생겨나기 때문이다. 예를 들면 인간은 인간으로부터 생겨나며, 음악적인 것은 음악적인 것으로부터, 항상 보다 앞서 운동하는 어떤 것으로부터 생겨난다. 그러나 운동하는 것은 활동태에서 이미 있다. 그러나 생겨나는 모든 것은 어떤 것으로부터 그리고 어떤 것에 의해서 생겨나며, 이러한 것은 종들에서 같은 것이라는 것이 실체에 관한 논의들에서 이미 언급되었다.[61] 이런 이유 때문에 집을 짓지 않았던 사람이 건축가라는 것은, 혹은 기타를 연주하지 않았던 사람이 기타 연주자라는 것은 불가능한 것으로 보인다. 왜냐하면 기타 연주하는 것을 배우는 자는 기타를 연주하면서 기타 연주하는 것을 배우며, 다른 사람들도 이와 마찬가지이기 때문이다. 이로부터 어떤 자가 학문과 관계하지 않으면서 학문을 구성하는 것을 다룰 것이라는 소피스트적인 모순 증명이 나온다. 왜냐하면 배우고 있는 사람은 아직 학문을 갖고 있지 않기 때문이다. 그러나 생겨났었던 것을 통해서 생겨나는 것의 어떤 것이 생겨나며 단순히 운동되었었던 것을 통해서 운동되는 것의 어떤 것이 운동되기 때문에(그러나 이러한 것은 운동과 관계하는 것들에서 분명한데) 배우고 있는 사람은 대개 학문의 어떤 것을 가져야만 한다. 그러나 사실 이러한 것에서 활동태는 같은 의미로 생겨남과 시간에서 가능태보다 더 앞선 것임이 명백하다.

그러나 확실히 활동태는 실체에서 앞선다. 왜냐하면 첫째로 생겨남에서 보다 나중의 것들이 형상과 실체에서 보다 앞선 것들이며(예를 들면 어른은 아이보다 그리고 인간은 정자보다 생성에서 나중의 것이지만 형상과 실체에서는 앞선 것이다. 왜냐하면 어른과 인간은 이미 형상과 관계하지만, 아이와 정자는 그렇지 않기 때문에), 모든 생겨나는 것은 원리와 목적으로 나가기 때문이다(왜냐하면 무엇을 위한 것τὸ οὗ ἕνεκα은 원리이며, 생겨남은 목적을 위하여τοῦ τέλους ἕνεκα이기 때문이다). 다음으로 활동태는 목적이며, 가능태는 이러한 목적을 위해서 받아들여지기 때문이다. 왜냐하면 시력을 갖기 위해서 동물들이 보는 것이 아니라 오히려 보기 위해서 시력을 갖는 것이며, 같은 방식에서 또한 집을 짓기 위해서 집 짓는 기술을 갖는 것이며 고찰하기 위해서 이론 학문을 갖는 것이다. 그러나 명상하는 자들을 제외하면, 이론 학문을 갖기 위해서 고찰하는 것은 아니다. 그러나 이들은 이러한 방법 이외에 다른 방법으로는 〔혹은 더 이상 고찰해야 할 필요가 없는 것은〕 고찰하지 않는다. 나아가 질료는 가능태에서 있는데, 왜냐하면 형상으로 나갈 수 있기 때문이다. 그러나 질료가 활동태에서 있을 때, 이때는 형상에서 있다. 그리고 다른 것들에서도, 목적이 운동인 것들에서도 마찬가지다. 이런 이유 때문에 가르치는 자들이 활동하는 것들을 표현했을 때 목적을 설명했다고 믿는 것처럼, 자연도 이와 마찬가지다. 왜냐하면 만일 이와 같이 되지 않는다면, 파우손의 헤르메스[62]가 될 것이기 때문이다. 왜냐하면 학문이 헤르메스처럼 안에서인지 혹은 밖에서인지 분명하지 않기 때문이다. 왜냐하면 활동τὸ ἔργον은 목적이며, 활동태는 활동이기 때문이다. 이런 이유로 인하여 활동태라는 이름은 활동에서 일컬어지며 완성태를 지향한다. 그러나 어떤 것들에서 사용ἡ χρῆσις은 맨 끝이지만(예를 들면 시력으로부터 봄, 그리고 시력으로부터 보는 것을 제외한 다른 활동은 아무것도 생기지 않는데), 몇몇 사용으로부터는 어떤 것이 생겨나기 때문에(예를 들면 건축술로부터 집 짓는 행위 외에 집이 생겨난 것처럼), 그럼에도 불구하고 앞의 것에서 사용은 목적이며, 뒤의 것에서 목적은 가능태보다 더 많다. 왜냐하면 건축은 건축되는 것에서 일어나며, 동시에 생성되고 집과 함께 있기 때문이다. 그러므로 생겨나는 것이 사용 이외에 이와는 다른 어떤 것일 때, 이것들의 활동태는 작용되는 것 안에서 있다(예를 들면 건축은 건축되는 것에서 그리고 짜는 행위는 짜인 것에서 있으며, 다른 것들에서도 마찬가지다. 그리고 대개 운동은 운동되는 것에서 있다). 그러나 활동태 이외에 다른 어떤 활동이 있지 않을 경우, 활동태는 이것들 자체 안에서 실제로 있다(예를 들면 보는 행위는 보는 것에서, 고찰은 고찰하는 것에서 그리고 삶은 영혼에서 있다. 또한 이 때문에 행복

ἡ εὐδαιμονία은 삶에서 있다. 왜냐하면 행복은 어떤 종류의 삶이기 때문이다). 따라서 실체와 형상이 활동태라는 것은 명백하다. 사실 이러한 이론에 따라서 활동태는 실체에서 가능태보다 더 앞선 것임이 분명해진다. 그리고 언급한 것처럼,[63] 시간에서 영원한 맨 처음 운동하는 것의 활동태에 이르기까지 항상 한 개의 활동태는 다른 활동태보다 앞서 일어난다.—그렇지만 또한 더 엄밀한 의미에서 활동태가 앞선다. 왜냐하면 영원한 것들은 실체에서 사라지는 것들보다 더 앞선 것들이며, 영원한 것은 가능태에서 결코 있지 않기 때문이다. 이유는 다음과 같은 것이다. 즉 모든 가능태는 동시에 모순ἀντιφάσις의 가능태이다. 왜냐하면 실제로 있음이 불가능한 것은 어떤 것에서도 실제로 있을 수 없지만, 실제로 있음이 가능한 것 모두가 다 활동할 수 있는 것은 아니기 때문이다. 그러므로 있음이 가능한 것은 있을 수도 있으며 있지 않을 수도 있다. 그러므로 같은 것은 있음과 있지 않음이 모두 가능하다. 그리고 있지 않음이 가능한 것은 있지 않을 수 있다. 그러나 있지 않을 수 있는 것은, 단순히ἁπλῶς[64] 혹은 있지 않을 수 있는 것이라고 일컬어진 이러한 것 자체로서, 장소에서 혹은 양에서 혹은 질에서 사라질 수 있는 것이다. 그리고 단순히 있지 않을 수 있는 것은 실체에서 사라질 수 있는 것이다. 그러므로 단순히 사라지지 않는 것들은 결코 단순히 가능태에서 있지 않다(그러나 어떤 것도 어떤 것에서, 예를 들면 질

혹은 장소에서 사라지지 않는 것들을 방해하지 못한다). 사실 모든 사라지지 않는 것들은 활동태에서 있다. 필연적으로 있는 것들은 결코 가능태에서 있지 않다(그렇지만 이것들은 맨 처음의 것들이다. 왜냐하면 만일 이것들이 있지 않다면, 아무것도 있을 수 없기 때문이다). 그러므로 만일 어떤 것이 영원한 것이라면, 어떠한 것도 운동은 아니다. 만일 운동되는 어떤 것이 영원한 것이라면, 어디에서 어디로 이외에 영원히 운동되는 것은 가능태에 따라서 운동되는 것이 아니다(그러나 어떤 것도 이러한 것의 질료가 실제로 있는 것을 방해하지 못한다). 이런 까닭에 해와 별들 그리고 모든 천체는 영원히 활동한다. 그리고 이것들이 어느 땐가는 멈추지 않을지, 자연에 관해 탐구하는 자들이[65] 두려워하는 것을 두려워할 필요는 없다. 이것들은 영원히 활동하는 것을 끝내지 않는다. 왜냐하면 사라지는 것들에서처럼, 이것들에서 운동은 모순의 가능태와 관계하지 않기 때문이다. 따라서 운동을 지속하는 것은 긴장이다. 왜냐하면 실체가 활동태가 아닌 질료이며 가능태일 때, 실체가 이러한 것의 이유이기 때문이다. 그러나 변화에서 있는 것들, 예를 들면 흙과 불은 사라지지 않는 것들을 모방한다. 왜냐하면 이것들은 영원히 활동하기 때문이다. 즉 이것들은 스스로 그리고 자신들에서 운동하기 때문이다. 그러나 이미 규정된 다른 가능태들은 모두가 모순의 가능태들이며(왜냐하면 가능한 것은 이러한 방식에서 운동함이 가능하며 이러한 방식에서 운동함이 가능하지 않기 때문에), 이러한 가능태들은 이성에 따라서 있다. 그러나 이성이 없는 가능태들 자체는 지금 있는 것과 지금 있지 않은 것에서 모순의 가능태들일 것이다. 그러므로 만일 이러한 종류의 가능태들이 개념들에서 이데아들을 사유하는 자들이 주장한 실체들이며 어떤 본성들
1051a 이라면, 앎 자체보다 더 많은 아는 것 그리고 운동 자체보다 더 많은 운동되는 것이 있을 것이다. 왜냐하면 아는 것과 운동되는 것은 더 많이 활동태들이지만, 앎 자체나 운동 자체는 이것들의 가능태들이기 때문이다. 그러므로 활동태는 가능태보다도 그리고 변화할 수 있는 모든 원리보다도 더 앞선 것이라는 것이 명백하다.

9. 가능태와 활동태

그러나 또한 활동태는 의미 있는 가능태보다도 더 좋은 것이며 더 가치 있는 것임이 다음의 논의들로부터 분명해진다. 왜냐하면 가능함으로 일컬어지는 경우, 이러한 것은 대립자들이 가능한 것이기 때문이다. 예를 들면 건강함과 병약함이 가능하다고 일컬어지는 것은 그와 같은 것이며, 건강함과 병약함은 동시에 가능하다. 왜냐하면 건강함과 피곤함의 가능태, 조용함과 운동됨의 가능태, 또한 집을 짓는 것과 부수는

것의 가능태 그리고 집이 지어지는 것과 부수어지는 것의 가능태는 같은 것이기 때문이다. 그러므로 대립자들이 가능함은 동시에 실제로 있다. 그러나 대립자들이 동시에 일어나는 것은 불가능하며, 대립자들의 활동태들(예를 들면 건강함과 피곤함)이 동시에 실제로 있음은 불가능하다. 따라서 대립하는 둘 중 한 개는 필연적으로 좋음이어야 하지만, 가능함은 같은 방식에서 대립하는 둘 다 좋음이거나 둘 다 아니거나이다. 그러므로 활동태가 더 좋다. 그렇지만 나쁜 것들에서ἐπι τῶν κακῶν 목적과 활동태는 가능태보다 더 나쁜χεῖρον 것임에 틀림없다. 왜냐하면 가능한 것은 대립하는 양자가 같기 때문이다. 그러므로 나쁜 것은 사물들을 벗어나서 있지 않음이 분명하다. 왜냐하면 본성에서 나쁜 것은 가능태보다 더 나중이기 때문이다. 그러므로 시초에 생성된 것들과 영원한 것들에서 나쁜 것이나 오류 혹은 타락함은 있지 않다(왜냐하면 타락은 나쁜 것들에 속하기 때문이다). 그러나 또한 기하학적 도형들이 활동태에서 발견된다. 왜냐하면 도형을 분리할 때 기하학적 도형을 발견하기 때문이다. 그러나 만일 이 도형들이 분리된 것들이었다면, 이것들은 눈에 보이는 것들일 것이다. 그러나 기하학적 도형들은 다만 가능태에서 있을 뿐이다.[66] 무엇 때문에 삼각형의 내각의 합은 2직각인가? 왜냐하면 한 점에 관계하는 각들은 2직각과 같은 것이기 때문이다. 만일 측면을 따라서 뻗는 한 개의 선이 그어진다면①, 그것을 볼 때 이와 같은 의미에서 분명할 것이다. 무엇 때문에 일반적으로 직각은 반원 안에서 있는가?②[67] 왜냐하면 만일 삼각형을 이루는 세 개의 선, 즉 두 개의 기초ἡ βάσις선과 중심으로부터 수직으로 그어진 직선이 같다면, 이것을 볼 때 보는 자에게 분명해지기 때문이다. 따라서 가능태에서 있는 것들이 활동태에서 있는 것으로 분명하게 드러났다. 그 이유는 활동태가 사유이기 때문이다. 그러므로 가능태는 활동태로부터 생겨나며, 이러한 것을 다루는 자들은 이러한 것을 통해서 가능태가 활동태로부터 생겨난다는 것을 안다(왜냐하면 수에 따르는 것으로서 활동태는 생겨남에서 가능태보다 더 나중이기 때문이다).

10. 있는 것과 있지 않은 것의 참과 거짓

그러나 있는 것과 있지 않은 것τὸ ὂν καὶ τὸ μὴ ὂν이 한편으로는 틀들의 모양에 따라서, 다른 한편으로는 이것들의 가
1051b 능태나 활동태에 따라서 혹은 대립자들에 따라서 일컬어지며, 또 다른 한편으로는 가장 결정적으로 참 혹은 거짓이라고 일컬어지기 때문에, 이러한 것은 함께 놓여 있음 혹은 분리됨으로써 사물들에서 있다. 따라서 분리된 것을 분리됨으로 여기고 함께 놓여 있는 것을 함께 놓여 있음으로 여기는

자는 참을 말하는 것이지만, 사물들과 완전히 대립으로 관계하는 사람은 거짓을 말하는 것이다. 어느 때 참 혹은 거짓으로 언급되며, 어느 때는 아닌가? 왜냐하면 이러한 물음은 우리가 무엇을 말하는지를 숙고해야만 하는 것이기 때문이다. 즉 만일 당신이 하얗다면, 우리가 참이라고 생각하기 때문에 당신이 하얀 것이 아니라, 오히려 당신이 하얗기 때문에 당신이 하얗다고 표현하는 우리는 참을 말하는 것이다. 그러므로 만일 어떤 것들이 항상 함께 놓여 있고 분리됨이 불가능한 것이며, 어떤 것들은 항상 분리되어 있고 함께 놓여 있음이 불가능한 것이며, 또 어떤 것들은 대립자들이 함께 있을 수 있는 것이라면, (그러면 〈물론〉 있음은 함께 놓여 있음이며 하나임이고, 있지 않음은 함께 놓여 있지 않음이지만 많이 있음이다). 그러므로 같은 견해와 같은 논의가 가능한 사물들에서 참과 거짓으로 되며, 한때는 참이라고 한때는 거짓이라고 이야기될 수 있다. 그러나 다르게 관계하는 것이 불가능한 사물들에 관해서 어느 때는 참이 되고 어느 때는 거짓이 되는 것이 아니라, 오히려 이러한 것들은 항상 참이거나 또는 항상 거짓이다.—그렇지만 함께 결합해 있지 않은 것들에 관해서 있음 혹은 있지 않음은 무엇이며, 참과 거짓은 무엇인가? 왜냐하면 이것들은 함께 결합해 있지 않기 때문이다. 따라서 함께 놓여 있는 경우에 있음이지만, 그러나 만일 분리되어 있는 경우에는, 마치 나무가 하얗다 혹은 대각선은 측정할 수 없다처럼, 있지 않음이다. 그리고 참과 거짓은 이와 같은 방법에서 그리고 저런 것들에서 아직 실제로 있지 않다. 혹은 참이 함께 있는 것들에서 같은 것이 아닌 것과 마찬가지로 있음도 같은 것이 아니고, 오히려 있음은 참 혹은 거짓인데, 파악함과 언급함은 참이지만(왜냐하면 긍정과 주장은 같은 것이 아니기 때문에), 알지 못함은 파악하지 못함이다(왜냐하면 무엇에 관해서 속여짐은 덧붙여지는 것에 의하지 않고는 일어나지 않기 때문이다. 그러나 또한 함께 결합해 있지 않은 실체들에 관해서도 마찬가지다. 왜냐하면 이것들은 속이는 것이 아니기 때문이다. 그리고 이것들은 모두 활동태에서 있으며, 가능태에서 있지 않다. 왜냐하면 그렇지 않으면 이것들은 생겨났을 것이고 사라졌을 것이기 때문이다. 그러나 사실 있는 것 자체는 생겨나지도 사라지지도 않는다. 왜냐하면 만일 있는 것 자체가 생성되고 사라지는 것이라면, 이것은 어떤 것으로부터 생성되었을 것이기 때문이다.—그러므로 어떤 것이든 활동태에서 있음인 경우에, 속임이 아니라 오히려 사유함 혹은 사유하지 않음이 이러한 경우와 관계한다. 그러나 무엇인 것τὸ τί ἐστι이 이러한 종류들인지 혹은 아닌지에 관하여 탐구된다). 그러나 참으로서 있음과 거짓으로서 있지 않음은, 한 가지 의미로는 만일 함께 놓여 있다면 참이나, 만일 함께 놓여 있지 않다면 거짓이다. 다른 의미로는 만일 어떤
1052a 것이 있다면, 이와 같은 방식으로 있다. 그러나 만일 이와 같은 방식으로 있지 않다면, 어떤 것은 있지 않다. 그러나 참은

이러한 것들을 아는 것이다. 그러나 거짓은 속이는 것이 아니라, 오히려 볼 수 없음이 아닌 한에서 알지 못함이다. 왜냐하면 볼 수 없음은 어떤 사람이 알 수 있는 것을 완전히 갖지 못하는 것과 같기 때문이다. 그러나 또한 운동하지 못한 것들에 관해서, 만일 어떤 사람이 운동하지 못한 것들을 받아들인다면, 어느 때도 속이는 것이 아니라는 것은 자명하다. 예를 들어 만일 삼각형을 변하지 않는 것으로 여긴다면, 어느 때는 2직각을 갖는 것이고 어느 때는 2직각을 갖지 않는 것이라고(왜냐하면 변화할 것이기 때문에) 여기지 않을 것이고, 오히려 한편으로는 어떤 것이고 다른 한편으로는 어떤 것이 아니라고 여길 것이다. 예를 들면 어떤 짝수도 첫 번째 수일 수는 없고, 혹은 어떤 수는 첫 번째이고 어떤 수는 첫 번째가 아니라고 생각할 것이다. 그러나 수에서 한 개의 수와 관련하여 이러한 일은 일어나지 않는다. 왜냐하면 우리는 어떤 수는 첫 번째이고 어떤 수는 첫 번째가 아니라고는 생각하지 않을 것이고, 오히려 항상 이와 같은 방식으로 관계하므로 참을 말하거나 혹은 거짓을 말할 것이기 때문이다.

K.
앞 장에 대한 요약

7. 자연학, 수학 그리고 신에 관한 학(E 1)

그러나 모든 학문은 그 학문에서 알 수 있는 것들 각각에 관한 어떤 원리와 원인을 탐구한다. 예를 들면 치료술과 스포츠 그리고 그 밖의 창작하는 것들과 수학적인 것들 각각 1064a 의 학문처럼. 왜냐하면 개별 학문에서 어떤 유τι γένος로 제한된 이러한 개별 학문은 실제로 있는 것ὑπάρχον과 있는 것ὄν처럼 유를 다루기 때문이다. 그러나 있는 것인 한에서가 아니라, 오히려 다른 어떤 학문 자체가 이러한 학문들 곁에 있는 한에서이다. 그러나 무엇τὸ τί이 어떤 방식으로 각각의 유에서 있는지를 파악한 언급된 개별 학문은 그 밖의 것들을 보다 더 유연하게 혹은 보다 더 엄밀하게 증명하는 것을 시도한다. 그러나 무엇인 것을 어떤 학문들은 감각적 지각을 통해서, 어떤 학문들은 전제된 것을 통해서 파악한다. 이 때문에 이끌어진 이러한 종류의 학문으로부터 실체와 무엇인 것에 대한 증명은 없다는 것이 아주 분명하다. 그러나 어떤 자연에 관한 학문이 있다면, 행위의 학문πρακτικῆς과 만드는 학문ποιητικῆς과는 다른 학문일 것임이 자명하다. 왜냐하면 사실 만드는 학문은 운동의 원리가 작용하는 것에 있으며 작용되는 것에 있지 않고, 이러한 것은 어떤 기술이거나 다른 어떤 힘이기 때문이다. 그리고 또한 마찬가지로 행위의 학문은 운동이 행해지는 것에서가 아니라 오히려 행하는 자들 안에 있다. 그러나 자연에 관한 학문은 자신들 안에서 운동의 원리와 관계하는 것들을 다룬다. 그러므로 자연의 학문은 행위의 학문도 만드는 학문도 아니고 오히려 이론 학문θεωρητικήν이어야만 한다는 것이 이러한 것들로부터 분명하다(왜냐하면 자연에 관한 학문은 이러한 유들 중 어느 한 가지로 분류되어야만 하기 때문이다). 그러나 무엇인 것은 각각의 학문에서 어떤 방식으로든 알아져야만 하며 원리로 필요한 것임에 틀림없기 때문에, 들린 코τὸ σιμόν이건 굽은 것τὸ κοῖλον이건, 자연철학자에게서 어떻게 정의되며 실체의 개념이 어떻게 드러나는지를 간과해서는 안 된다. 왜냐하면 이것들 중 들린 코의 개념은 사태의 질료와 함께 언급되지만, 굽은 것의 개념은 질료 없이 언급되기 때문이다. 왜냐하면 들창코ἡ σιμότης는 코에서 생겨나며, 그래서 들창코의 개념 또한 코와 함께 고찰되기 때문이다. 즉 들린 코는 굽은 코다. 그러므로 살과 눈 그리고 그 밖의 다른 부분들의 개념은 질료와 함께 규정되어야만 한다는 것이 자명하다. 그러나 어떤 학문은 있는 것인 한에서 그리고 분리할 수 있는 것인 한에서 있는 것을 다루기 때문에, 다만 자연학과 이러한 학문을 같은 학문으로 파악해야 하는지 혹은 오히려 다른 학문으로 파악해야 하는지를 깊이 생각해보아야만 한다. 그러므로 자연학은 자신들 안에 운동의 원리를 갖는 것들을 다루며, 수학 자체는 이론 학문이며 고정된 것들을 다룰 뿐, 분리할 수 있는 것들을 다루지는 않는다. 그러므로 이들 두 학문과는 다른 어떤 학문은 분리할 수 있는 그리고 운동하지 않는τὸ ἀκίνητον 있는 것을 다룬다. 만일 이런 종류의 어떤 실체가 실제로 있다면, 우리가 증명하려고 시도하게 될 이러한 것을 나는 분리할 수 있으며 운동할 수 없는 실체로 간주한다.[68] 그리고 만일 이러한 종류의 어떤 본성이 있는 것들에서 있다면, 이런 경우엔 아마도 신적인 것τὸ θεῖον일 것이며, 이것은 맨 처음의 가장 고유한 원리일 것이다. 그러므로 이론 학문들 중 세 개의 유들, 즉 자연학과 수학 그리고 신에 관한 학이 있음이 분명하다. 따라서 이론 학문들의 유가 최고이며, 이것들 자체들 중에서도 맨 마지막에 일컬어진 것이 최고의 학문이다. 왜냐하면 최고의 학문은 있는 것들 중 가장 가치 있는 것을 다루지만, 개별 학문은 그 학문 고유의 아는 것에 따라서 더 좋은 것으로 그리고 더 나쁜 것으로 일컬어지기 때문이다. 그러나 누군가는 있는 것인 한에서 있는 것에 관한 학문을 보편적인καθόλου 학문으로 세워야만 하는지 혹은 세워서는 안 되는지를 문제로 삼을 수 있을 것이다. 왜냐하면 개별 수학들은 규정된 한 가지의 어떤 유와 관계하지만, 공통적인 것으로서 보편적인 학문은 모든 것들에 관계하기 때문이다. 그러므로 만일 자연의 실체들이 있는 것들 중 맨 처음의 실체들이라면, 자연학은 학문들 중 맨 처음의 학문일 것이다. 그러나 만일 이것과는 다른 분리할 수 있으며 운동하지 않는 본성과 실체가 있다면, 자연학과는 다른 학문이 필연적으로 있으며 자연학보다는 더 앞선 학문이고 더 앞선 것일 것이므로 보편적인 학문일 것이다.

8. 덧붙여진 것과 필연적인 것(E 2~4)

그러나 순수하게 있는 것이 여러 가지 의미에서 일컬어지고, 여러 의미들 중 한 가지가 덧붙여진 것으로κατὰ συμβεβηκὸς 있다고 일컬어지는 것이기 때문에, 우선 이러한 의미로 있는 것에 관해서 살펴야만 한다. 물론 전수된 학문들 중 어떤 학문도 덧붙여진 것에 관하여 몰두하지 않는다는 것은 분명하다. 왜냐하면 건축술은 집을 사용할 사람들에게 일어나게 될 것을 고려하지 않으며, 예를 들면 그들이 불편하게 살게 될 것인지 혹은 그 반대로 살게 될 것인지를 고려하지 않으며, 천을 짜는 기술이나 신발을 만드는 기술 혹은 요리 기술도 이것들을 필요로 하게 될 사람들을 고려하지 않기 때문이다. 그러나 이러한 학문들 각각은 자체에서 특수성을 고려할 뿐이며, 이러한 것이 그 학문의 고유한 목적이다. 음악가인 자가 문장가가 되었기 때문에 그는 동시에 음악가이면서 문장가이다.[69] 이전에 있지 않았다면, 항상 있는 것은 아닌 이러한 것은 만들어진 것이다. 따라서 그는 동시에 음악가와 문장가로 만들어졌다.—그러나 궤변술을 제외하고는 승인된 학문들 중 어떤 학문도 이러한 것을 탐구하지 않았다. 왜냐하면 덧붙여진 것에 관해서는 단지 궤변술만이 다루었기 때문이다. 이 때문에 플라톤이 소피스트가 있지 않은 것에 관하여 시간을 소모했다고 말했을 때[70] 틀리게 말한 것은 아니다. 그러나 만일 덧붙여진 것이 대체 무엇인지를 알려고 시도한다면, 덧붙여진 것으로부터 학문은 가능하지 않다는 것이 분명해질 것이다. 그러므로 우리는 모든 것은 한편으로는 항상 필연적으로 있다고 말하며(그러나 필연적인 것이란 강요로 언급된 것이 아니라 오히려 증명을 통하여 이끌어진 것들로, 우리가 필요로 하는 것인데), 다른 한편으로는 대부분에서 있다고 말하며, 또 다른 한편으로는 대부분에서 있는 것도 항상 그리고 필연적으로 있는 것도 아닌 오히려 임의적으로 있는 것이라고 말한다. 예를 들면 개에게서 차가움이 생길 수 있는 것처럼, 이러한 것이 항상 그리고 필연적

인 것처럼 생기는 것도 아니며 대부분에서 생기는 것도 아니
1065a 지만, 어느 때에 생길 수 있는 것이다. 그러므로 덧붙여진 것이란 생기는 것이지만, 항상 생기는 것도, 필연적으로 생기는 것도 아니며 또한 대부분에서 생기는 것도 아니다. 그러므로 덧붙여진 것이란 무엇인가가 물어졌지만, 학문이 이러한 종류로부터 생기지 않는다는 것은 분명하다. 왜냐하면 모든 학문은 항상 있는 것으로부터 혹은 대부분에서 있는 것으로부터 생기지만, 덧붙여진 것은 이 둘 중 어떤 것에도 있지 않기 때문이다. 그러나 자체에서 있는 것으로부터 생겨난 어떤 종류든 이러한 종류들은 덧붙여진 것에서 있는 것의 원인들과 원리들이 아니라는 것은 분명하다. 왜냐하면 모든 원인들과 원리들은 필연적으로 있을 것이기 때문이다. 즉 만일 여기 이것이 여기 있는 이것으로부터 생겨나며 여기 있는 이것이 여기 있는 저것으로부터 생겨난다면, 그러나 이러한 것은 임의적이 아니라 오히려 필연적이라면, 최후에 언급되는 원인에까지 이러한 것이 원인이었던 것은 필연적일 것이다(그러나 이러한 것은 덧붙여진 것에 따라서 있었다). 따라서 모든 것들은 필연적일 것이다. 그리고 어떤 방식에서 임의적인 것 그리고 생겨날 수 있는 것과 생겨날 수 없는 것은 생겨나는 것들로부터 완전히 빠진다. 그러나 만일 원인을 있는 것이 아니라 오히려 생겨나는 것이라고 전제한다면, 같은 것들이 일어날 것이다. 왜냐하면 모든 것은 필연적으로 생겨

날 것이기 때문이다. 즉 여기 이것이 생겨난다면 내일 사라짐이 일어날 것이며, 다른 어떤 것이 생겨난다면 여기 이것이 일어날 것이고, 다른 것이 생겨난다면 다른 어떤 것이 일어날 것이다. 또한 사실 마찬가지로 지금부터 내일까지 제한된 시간으로부터 시간을 뺀다면 어느 때에는 실제로 있음에 이를 것이다. 따라서 만일 실제로 있음이 있다면, 실제로 있음 다음에 모든 시간은 필연적으로 생겨날 것이다. 그러므로 모든 것은 필연적으로 생겨나진다. 그러나 참으로서 있는 것과 덧붙여진 것에서 있는 것, 이 중 앞의 것은 사유διανοίας가 함께 엉켜진 것에서 있으며 그리고 이 때문에 경향성이다 (이런 이유 때문에 원리들은 이와 같은 방식으로 있는 것과의 관계에서 탐구되지 않고, 오히려 그 밖의 방식으로 있는 것 그리고 분리할 수 있는 것과의 관계에서 탐구된다). 뒤의 것은 필연적인 것이라기보다는 오히려 규정되지 않는 것이며, 나는 이러한 것을 덧붙여진 것으로 있는 것이라고 생각한다. 그러나 이러한 종류의 원인들은 무질서이며 무한하다.—그러나 이것 때문인 것τὸ ἕνεκά του은 자연에서 생겨나는 혹은 사유로부터 생겨나는 것들에서 있다. 그러나 임의적인 것τύχη은 이러한 것들 중 어떤 것이 덧붙여진 것으로서 생겨난 것이다. 왜냐하면 있는 것이 어떤 것은 자체에서 또 어떤 것은 덧붙여진 것에서 있는 것처럼, 원인 또한 그렇게 있기 때문이다. 그러나 임의적인 것은 이것 때문인 것들의 자유 의지를 통해서κατὰ προα

ἱρεσιν 생겨나는 것들에서 덧붙여진 것에 따른 원인이다. 이 때문에 임의적인 것과 사유는 같은 것들을 다룬다. 왜냐하면 자유 의지는 사유 없이 있을 수 없기 때문이다. 그러나 임의적인 것들이 생겨날 수 있는 원인들은 규정되어 있지 않다. 이 때문에 이러한 원인들은 인간의 계산에서 확실하지 않으며 덧붙여진 것에 따른 원인이다. 그리고 이것들은 어떤 것의 원인도 아니다. 그리고 좋은 것 혹은 나쁜 것이 결과로 되는 경우에, 임의적인 것은 좋은 것이기도 하며 나쁜 것이기
1065b 도 하다. 그러나 또한 좋은 임의적인 것εὐτυχία인지 나쁜 임의적δυςτυχία인 것인지는 이것들의 크기와 관계한다. 그러나 덧붙여진 것에서 어떤 것도 자체에서 있는 것들보다 더 우선적이 아니기 때문에, 원인들에서도 덧붙여진 원인이 자체에서 있는 원인보다 우선하지 않는다. 그러므로 만일 임의적인 것 혹은 자발적인 것이 천체의 원인이라면, 정신νοῦς과 자연φύσις은 더 앞선 원인이다.

9. 가능태와 활동태 그리고 운동(자연학 Γ 1~3)

그러나 어떤 것은 단지 활동태ἐνέργεια에서만, 어떤 것은 단지 가능태δύναμις에서만 있고 어떤 것은 가능태와 활동태에서 있으며, 한편으로는 〈여기 어떤〉 있는 것〈τόδε τι〉 ὄν이

며 한편으로는 양τὸ ποσὸν이고 또 한편으로는 그 밖의 나머지 것들 중에서 있는 것이다. 그러나 어떤 운동τις κίνησις은 사태들로부터 분리되어서 있지 않다. 왜냐하면 항상 운동은 있는 것의 틀들에 따라서 변화하기 때문이다. 그러나 한 개의 틀에서 있지 않은 것은 있는 것의 틀들에 공통적이지 않다. 그러나 틀들 각각은 모든 것에서 이중으로 실제로 있다(예를 들면 여기 이것τὸ τόδε은—왜냐하면 한편으로는 여기 이것의 형태이며 다른 한편으로는 상실이기 때문에—질에서 한편으로는 하얀 것이고 다른 한편으로는 검은 것이며, 양에서 한편으로는 완성이고 다른 한편으로는 미완성이며, 공간 운동에서 한편으로는 위로이고 다른 한편으로는 아래로이며, 혹은 한편으로는 가벼운이고 다른 한편으로는 무거운이다). 따라서 운동과 변화의 종들은 있는 것의 종만큼 있다. 그러나 가능태에서 유와 완성태ἐντελεκείᾳ에서 유가 각각에서 구별된다면, 이러한 종류인 한에서 가능태에서의 활동태를 나는 운동이라고 부른다. 그리고 우리가 옳게 말하는 것이 다음으로부터 분명하다. 즉 건축한 것이 활동태에서 있을 경우에, 우리가 이러한 종류를 건축한 것이라고 말하는 한에서 건축되며, 이러한 것은 건축함οἰκοδόμησις이다. 배워감μάθησις, 치료함ἰάτρευσις, 걸어감βάδισις, 뛰어오름ἅλσις, 늙어감γήρανσις 그리고 성장함ἅδρυνσις 모두가 마찬가지다.[71] 그리고 완성태 자체인 경우에 운동됨이 일어나며, 더 먼저도 더 나중도 없다. 그러므로 가능태에서 있는 것의 완성태는, 활동태로서 완성태인 경우에, 가능태에서 있는 것인 한에서가 아니라 운동하는 것인 한에서 운동함이다. 그러나 나는 ……인 한에서τὸ ἧ를 이와 같이 생각한다. 왜냐하면 청동은 가능태에서 인간상이기 때문이다. 그렇지만 청동인 한에서 청동의 완성태는 운동함이 아니다. 왜냐하면 청동에서 있음과 어떤 가능태에서 있음은 같은 것이 아니기 때문이다. 왜냐하면 만일 개념에서 단순히 이것들이 같은 것이라면, 청동의 완성태는 어떤 운동함일 것이기 때문이다. 그러나 이것들은 같은 것이 아니다(이러한 것은 대립하는 것들에서 분명하다. 왜냐하면 건강하다는 것이 가능한 것과 아프다는 것이 가능한 것이 같은 것은 아니지만—왜냐하면 만일 같은 것이라면, 건강한 것과 아픈 것이 같은 것일 것이기 때문에—건강한 것과 아픈 것으로서 밑바탕은 축축함이든 피든 간에 하나이며 같은 것이기 때문이다). 그러나 같은 것이 아니기 때문에, 색깔과 볼 수 있는 것이 같은 것이 아닌 것처럼, 가능한 것인 한에서 가능한 것의 완성태는 운동함이다. 그러므로 완성태가 운동함이라는 것, 그리고 완성태 자체가 있을 때 운동됨이 일어난다는 것, 더욱이 더 먼저도 더 나중도 아니라는 것, 이러
1066a 한 것은 아주 자명하다(왜냐하면 각각은 한때는 활동하는 것일 수 있으며 한때는 활동하지 않는 것일 수 있기 때문이다. 예를 들면 〔건축할 수 있는 것인 한에서〕 건축할 수 있는 것은, 그리고 건축할 수 있는 것인 한에서 건축할 수 있는 것의 활동태는 건축함이다. 즉

이러한 것은, 〔건축함,〕 활동태〈혹은 건축물οἰκία〉이기 때문이다. 그러나 건축물이 있는 경우에, 건축할 수 있는 것이 아니라, 건축할 수 있는 것이 건축되고 있는 것이다. 그러므로 활동태는 필연적으로 건축함이며, 건축함은 어떤 운동함이고, 또한 이와 같은 논의는 다른 운동하는 것들에도 적용된다). 그러나 운동에 관하여 올바르게 언급되었다는 것은 다른 사람들이 운동에 관하여 언급한 것들로부터, 그리고 운동을 다르게 정의하는 것이 쉽지 않다는 것으로부터 자명하다. 왜냐하면 누구도 다른 유에서 운동을 규정할 수 없을 것이기 때문이다. 그러나 몇몇 사람들이 운동을 다른 것, 일치하지 않는 것, 그리고 있지 않은 것 τὸ μη ὄν[72]으로 언급한 것들로부터 자명하다. 그러나 이것들 중 어떤 것도 필연적으로 운동되지는 않으며, 변화는 이것들로부터에서도 이것들에로에서도 반대로 놓인 것들로부터보다 더 많이 일어나지 않는다. 그러나 운동을 이러한 것들로 파악하는 원인은 운동이 정의할 수 없는 어떤 것으로 여겨지는 것에 있다. 그러나 다른 계열의 원리들은 결핍된 것들이기 때문에 정의할 수 없는 것들이다. 왜냐하면 이런 원리들은 여기 이것도 여기 이러한 종류도 나머지 다른 틀들의 어떤 것도 아니기 때문이다. 운동이 정의할 수 없는 것으로 여겨지는 이유는 운동을 있는 것들의 가능태로도 활동태로도 세우지 못한 것에 있다. 왜냐하면 가능한 것으로서 양도 활동태에서 양도 필연적으로 운동되지는 않으며, 누군가는 운동이 활동태라고 생각하지만, 그것은 운동이 완성되지 않았기 때문이다. 그러나 이러한 원인은 활동태를 발생시키는 가능한 것이 완성되지 않았기 때문이다. 그리고 이러한 이유 때문에 운동이 무엇인지를 파악하는 것이 어렵다. 왜냐하면 운동을 결핍으로든 가능태로든 혹은 단순히 활동태로든 반드시 파악해야 하지만, 운동은 이것들 중 어느 것으로도 가능하지 않은 것으로 여겨지기 때문이다. 따라서 운동이 앞서 언급된 것, 즉 이미 언급된 것으로서 활동태와 활동태가 아닌 것, 이런 것임을 안다는 것은 어려운 일이지만, 운동은 이런 것일 수 있는 것으로 남겨진다.[73] 그리고 운동이 운동하는 것에서 있다는 것은 자명하다. 왜냐하면 운동은 운동할 수 있는 것에 의한 운동하는 것의 완성태이기 때문이다. 그리고 운동할 수 있는 것의 활동태는 다른 것이 아니다. 왜냐하면 운동은 이들 양자의 완성태임에 틀림없기 때문이다. 그러므로 운동할 수 있는 것은 운동이 가능한 것에서 있으며, 운동하는 것은 활동하는 것에서 있다. 그러나 운동하는 것이 활동할 수 있는 것이다. 따라서 1에서 2로의 거리와 2에서 1로의 거리가 같은 것처럼, 그리고 위로 향하는 것과 아래로 향하는 것이 같은 것처럼 같은 방식에서 양자의 활동태는 하나다. 그러나 양자의 있음은 하나가 아니다. 그러나 운동하는 것에서와 운동되는 것에서도 마찬가지로 활동태는 하나다.

10. 무한한 것(자연학 Γ 4, 5, 7)

그러나 무한한 것τὸ ἄπειρον은, 마치 소리는 볼 수 없는 것인 것처럼, 관통하기에 본성적으로 적합하지 않기 때문에 관통할 수 없는 것이거나, 관통하는 것을 완전히 다 이룰 수 없는 것이거나, 거의 관통하지 못하는 것이거나, 비록 본성적으로는 관통하기에 혹은 한계를 갖기에 적합하지만 관통하지 못하거나 혹은 한계를 갖지 못하는 것이다. 나아가 더하 1066b
거나 뺀 것에서 혹은 둘 다에서 무한한 것이다. 확실히 무한한 것은 〈감각적 대상들로부터〉 분리되어 있는 것τι ὄν일 수는 없다. 왜냐하면 만일 무한한 것이 크기나 많은 수가 아니라면, 그러나 무한한 것 자체는 실체이며 덧붙여진 것이 아니라면, 무한한 것은 분할할 수 없는 것일 것이기 때문이다(왜냐하면 분할할 수 있는 것은 크기이며 많은 수이기 때문이다). 그러나 만일 분할할 수 없는 것이라면, 소리를 볼 수 없는 것처럼 이러한 것을 제외하고는, 무한한 것이 아니다. 그러나 사람들은 이와 같은 방식으로 무한한 것을 언급하지 않으며 우리도 그렇게 탐구하지 않고, 오히려 관철하지 못하는 것으로서 탐구한다. 나아가 경향성이 무한한 것인 수와 크기를 제외하면, 어떻게 무한한 것이 자체에서 있을 수 있는가? 나아가 만일 무한한 것이 덧붙여진 것으로 있다면, 무한한 것인 한에서 있는 것들의 기초 요소는 있을 수 없을 것인데, 이는 비록 소리는 볼 수 없는 것이지만 언어의 기초 요소는 볼 수 없는 것이 아닌 것과 같다. 그리고 무한한 것이 활동태에서 있을 수 없다는 것은 분명하다. 왜냐하면 어떤 것이든 무한한 것의 부분을 받아들인 것은 무한한 것일 것이기 때문이다(왜냐하면 만일 무한한 것이 실체이며 밑바탕에 따라서 있는 것이 아니라면, 무한한 것에서 있음과 무한한 것은 같은 것이기 때문이다). 따라서 만일 무한한 것이 부분으로 된 것μεριστόν이라면, 이것은 분할할 수 없는 것이거나, 무한한 것으로 분할할 수 있는 것이다. 그러니 많은 무한한 것들이 같은 것이라는 것은 가능하지 않다(왜냐하면 만일 무한한 것이 실체이며 원리라면, 마치 공기는 공기의 부분인 것처럼, 이와 같은 무한한 것은 무한한 것의 부분이기 때문이다). 그러므로 무한한 것은 부분이 될 수 없는 것이며 분할할 수 없는 것이다. 그러나 완성태에서 있는 것은 무한한 것일 수 없다(왜냐하면 완성태에서 있는 것은 양임에 틀림없기 때문이다). 그러므로 무한한 것은 덧붙여진 것에서 실제로 있다. 그러나 만일 이와 같은 방식으로 있다면, 무한한 것은 원리일 수 없고, 오히려 우연히 일어났던 저것, 즉 공기 혹은 짝수라고 이미 언급되었다.[74] —그러므로 이러한 탐구는 보편적이다. 그러나 무한한 것이 감각적인 대상들에서 있지 않다는 것은 이러한 방법에서 분명하다. 즉 만일 물질의 개념이 평면들에서 정의된 것이라면, 무한한 것은 감각적인 혹은 사유적인 물질τὸ σῶμα이 아닐 것이며, 분할된 무한한 것으로서 수도 아닐 것이다. 왜냐하면 수 혹은 수와 관계하는 것은 셀 수 있는 것ἀριθμητόν이기 때문이다. 그러나 이러한 것은 자연에 따라서 다음의 것들로부터 분명하다. 즉 무한한 것은 함께 놓여 있는 것일 수도 단순한 것일 수도 없다. 왜냐하면 만일 기초 요소들이 많은 수에서 한정되었다면, 무한한 것은 함께 놓여 있는 물질은 아닐 것이기 때문이다(즉 대립하는 것들은 일치해야만 하며 그것들 중 한 개는 무한한 것이어서는 안 된다. 왜냐하면 만일 어떤 방법에서든 다른 물질의 가능성이 무한한 것으로 남겨진다면, 한계 지어진 것은 무한한 것에 의해서 사라질 것이기 때문이다. 그러나 개별자가 무한한 것이라는 것은 불가능하다. 왜냐하면 물질은 모든 것에서 거리를 갖지만, 무한한 것은 한계를 넘어선 계속되는 거리를 갖기 때문이다. 따라서 만일 무한한 물질이 있다면, 이런 물질은 모든 것에서 무한한 것일 것이다). 그러나 무한한 물질은 한 가지의 단순한 것일 수 없으며, 몇몇 사람들이 말한 바처럼,[75] 〈단순히〉 사물들을 생겨나게 하는 기초 요소들 곁에 있는 것일 수도 없다. 왜냐하면 이러한 종류의 물질은 기초 요소들 곁에 있지 않기 때문이다. 즉 모든 것은 생겨난 그것으로 다시 사라지지만, 이러한 것은 단순한 물질들 곁에서는 보이지 않기 때문이다. 이러한 것은 불도 아니며 기초 요소들 중 다른 어떤 것도 아니다. 왜냐하면 기초 요소들 중 어떤 것은 무한한 것이라는 것을 제외하고, 만일 모든 것이 한정된 것이라면, 헤라클레이토스가 모든 것들은 한 번은 불로 된다고 말한 것처럼, 모든 것이 기초 요소들 중 어떤 한 가지이거나 혹은 어떤 한 가지로서 생겨난다는 것은 가능하지 않기 때문이다. 그러나 이와 같은 논의는 자연철학자들이 기초 요소들 곁에서 다루었던 하나에서도 보인다. 왜냐하면 모든 것은 대립하는 것으로부터, 예를 들면 따뜻한 것으로부터 차가운 것으로 변화하기 때문이다.—나아가 감각적인 물질은 임의의 장소에 있으며, 예를 들면 흙에서처럼, 같은 공간ὁά αὐτὸς τόπος이 전체와 부분에 속한다. 따라서 만일 전체와 부분이 같은 종류라면, 운동할 수 없거나 항상 운동될 것이다. 그러나 이러한 것은 불가능하다(도대체 무엇 때문에 오히려 위로 혹은 아래로 혹은 어떤 곳으로 운동하는가? 예를 들어 만일 흙덩어리가 있다면, 이것이 어디에서 운동될 것인가 혹은 멈추어질 것인가? 왜냐하면 흙덩어리에서 함께 태어난 물질의 공간은 무한하기 때문이다. 그러므로 흙덩어리는 공간 전체를 지배하는가? 그리고 어떻게? 그러므로 멈춤ἡ μονη과 운동은 무엇인가? 혹은 사방으로부터 멈추어 있는가? 그러면 운동시켜지지 않을 것이다. 혹은 사방으로 운동시켜질 것인가? 그러면 정지해 있지 않을 것이다). 그러나 만일 모든 것이 같은 종류가 아닌 것ἀνόμοιον이라면, 공간들은 또한 같은 종류들이 아닐 것이다. 그리고 첫째로 연결된 것에서 그 밖의 다른 모든 물질은 하나가 아니며, 다음으로 이러한 것들은 종에서 한정된 것이거나 혹은 무한한 것일 것이다. 물론 한정된 것들일 수는 없다(왜냐하면 예를 들면 불이나 물처럼, 만일 모든 것이 무한한 것이라면, 어떤 것들은 무한한 것들일 것이며 어떤 것들은 무한한 것들이 아닐 것이기 때문이다. 그러나 이러한 종류들은 대립하는 것들에서 사라질 것이다). 그러나 만일 또한 모든 것들이 무한한 것들이며 단순한 것들이라면, 공간들 또한 무한한 것들일 것이며 기초 요소들도 무한한 것들일 것이다. 그러나 만일 이러한 것이 가능하지 않으며 공간들이 한계 지어진 것들이라면, 모든 것은 한계 지어져야만 한다. 그러나 만일 모든 감각적인 물질이 무거움 혹은 가벼움과 관계한다면, 물질과 물질들을 위한 공간이 단순히 무한한 것일 수는 없다. 왜냐하면 물질들은 가운데로 혹은 위로 운동되겠지만, 무한한 것들 모두가 혹은 절반이 두 방향 중 어느 한 방향으로 운동된다는 것은 불가능하기 때문이다. 도대체 무한한 것을 어떻게 나눌 것인가? 혹은 어떻게 무한한 것으로부터 한편으로는 아래쪽이 한편으로는 위쪽이 있을까? 혹은 맨 끝과 가운데가 있을까? 나아가 모든 감각적인 물질은 공간에서 있으며, 공간의 종은 여섯 가지[76]이지만, 이러한 공간들이 무한한 물질에서 있다는 것은 가능하지 않다. 다만 그러나 만일 공간이 무한한 것일 수 없다면, 물질도 무한한 것일 수 없을 것이다. 왜냐하면 물질은 공간에서 임의의 장소에 있으며, 이러한 장소는 위로 혹은 아래로 혹은 남은 어떤 공간을 표현하고, 이것들의 각각은 어떤 한계를 나타내기 때문이다. 그러나 무한한 것은 하나의 어떤 본성처럼 크기에서, 운동에서 그리고 시간에서 같은 것이 아니며, 오히려 보다 뒤의 것을 보다 앞의 것에 따라서 무한한 것이라고 부른다. 예를 들면 운동은 운동된 혹은 변화된 혹은 성장된 크기에 따라서, 그리고 시간은 운동을 통해서 일컬어진다.

11. 변화와 운동(자연학 E 1)

1067b 그러나 변화하는 것τὸ μεταβάλλον은 한편으로는 음악적인 것이 걷는 것처럼 우연적으로κατὰ συμβεβηκός[77] 변화하며, 다른 한편으로는 예를 들면 부분들에서처럼 사물의 어떤 부분이 변화함에서 변화함μεταβάλλειν이 일컬어진다(왜냐하면 눈이 건강해질 경우, 육체τὸ σῶμα도 건강해지기 때문에). 그러나 맨 처음 운동시키는 것 자체가 있으며, 이것은 스스로 운동하는 것τὸ κατὰ αὑτὸ κινητόν이다. 그러나 이와 같은 의미에서 어떤 것이 운동하는 것에서 있다. 왜냐하면 〈어떤 것은〉 우연적으로, 어떤 것은 부분적으로, 어떤 것은 스스로 운동하기 때문이다. 그러나 맨 처음 운동하는 어떤 것이 있다. 그리고 운동되는 어떤 것이 있는데, 더욱이 어떤 시간에 무엇으로부터 그리고 무엇에로 운동되는 것이다. 그리고 형상들, 경향성들 그리고 공간은 운동되는 것들이 이것들로 인

해 운동시켜지는 것들인데, 이것들은 학문과 따뜻함처럼 운동할 수 없는 것들ἀκίνητα이다. 그리고 따뜻함이 아니라 오히려 데움이 운동이다. 그러나 우연적이지 않은 변화는 모든 것들에서가 아니라 오히려 대립하는 것들에서, 중간자에서μεταξὺ 그리고 모순에서 일어난다. 이러한 것에 대한 확신은 귀납법으로부터 증명된다. 그러나 변화하는 것은 밑바탕으로부터 밑바탕으로, 혹은 밑바탕이 아닌 것으로부터 밑바탕이 아닌 것으로, 혹은 밑바탕으로부터 밑바탕이 아닌 것으로, 혹은 밑바탕이 아닌 것으로부터 밑바탕으로 변화한다(그러나 나는 긍정으로 표현된 것이 밑바탕이라고 생각한다). 따라서 변화는 필연적으로 세 가지다. 왜냐하면 밑바탕이 아닌 것으로부터 밑바탕이 아닌 것으로의 변화는 변화가 아니기 때문이다. 즉 이것은 반대로 놓여 있음ἀντίθησις이 아니기 때문에, 대립하는 것도 모순도 아니다. 그러므로 모순에 따라서 밑바탕이 아닌 것으로부터 밑바탕으로의 변화는 생겨남γένεσις인데, 한편으로 단순히 변화는 단순히 생겨남이며, 다른 한편으로 어떤 것의 변화는 어떤 생겨남이다. 그러나 밑바탕으로부터 밑바탕이 아닌 것으로의 변화는 사라짐φθορά인데, 한편으로 단순히 변화는 단순한 사라짐이며, 다른 한편으로 어떤 것의 변화는 어떤 사라짐이다. 그러므로 만일 있지 않은 것τὸ μὴ ὂν이 여러 가지 의미로 일컬어진다면, 그리고 함께 세워진 것에서 혹은 분리된 것에서 있는 것이나 단순히 있는 것에서 반대로 놓여 있는 것으로서 가능태에서 있는 것이나 간에 운동될 수 없다면(왜냐하면 하얗지 않은 것 혹은 착하지 않은 것이 우연적으로 운동될 수 있음에도 불구하고, 인간은 하얗지 않은 것일 수 있기 때문이다. 그러나 단순히 여기 이것이 아닌 것은 어떤 방식에서도 여기 이것일 수 없는데), 있지 않은 것이 운동된다는 것은 불가능하다(그러나 만일 있지 않은 것이 운동된다면, 생겨남은 운동일 것이다. 왜냐하면 있지 않은 것이 생겨나기 때문이다. 왜냐하면 비록 있지 않은 것이 특히 우연적으로 생겨난다고 할지라도, 단순히 생겨난 것에 따라서 있지 않은 것이 일어난다고 언급한 것은 참이기 때문이다). 그러나 또한 같은 방식에서 있지 않음은 정지해 있음이다. 그러므로 비록 모든 운동되는 것이 공간에서 있을지라도, 있지 않은 것이 공간에서 있지 않다면, 같은 어려움에 직면한다. 왜냐하면 있지 않은 것은 어딘가에 있을 것이기 때문이다. 그러므로 사라짐은 운동이 아니다. 왜냐하면 운동에 대립하는 것은 다른 운동 혹은 정지이지만, 생겨남에 대립하는 것은 사라짐이기 때문이다. 그러나 모든 운동은 어떤 변화이며, 언급된 변화에는 세 가지가 있고, 이것들 중 생겨남과 사라짐에 따른 변화들은 운동들이 아니라 오히려 모순에 따른 변화들이기 때문에, 밑바탕으로부터 밑바탕으로의 변화만이 필연적으로 유일한 운동이어야 한다. 그러나 밑바탕들은 대립하는 것들이거나 중간자이며(왜냐하면 결핍은 여기에서 대립하는 것으로 간주되기 때문에), 예를 들면 벌거벗은 것, 치아가 없는 것 혹은 검은 것처럼, 긍정으로 표현된다.

12. 변화와 운동 : 질, 양, 장소(자연학 E 1, 3)

그러므로 만일 틀들이 실체에서οὐσίᾳ, 질에서ποότητι, 장소에서τόπῳ, 행함에서τῷ ποιεῖν 혹은 당함에서τῷ πάσχειν, 관계에서τῷ πρός τι, 양에서τῷ ποσῷ 나누어진다면, 세 가지 운동들, 즉 질의 운동, 양의 운동 그리고 장소의 운동이 있음에 틀림없다. 그러나 실체에서 운동은 없는데, 왜냐하면 어떤 대립도 실체에서 있지 않기 때문이다. 그리고 관계에 관해서 운동은 있지 않으며(왜냐하면 관계 중에 있는 한쪽이 변화할 때 변화하지 않는 다른 한쪽은 참이 되지 않기 때문이다. 따라서 관계에 관한 것들의 운동은 우연적이다), 행함과 당함에 관해서도, 혹은 운동하는 것과 운동되는 것에 관해서도 운동은 없다. 왜냐하면 운동이 운동으로부터도, 생겨남이 생겨남으로부터도, 대체로 변화가 변화로부터도 없기 때문이다. 왜냐하면 운동은 두 종류의 운동으로부터 있을 수 있기 때문이다. 즉 밑바탕으로부터(예를 들면 인간이 하얀 것으로부터 검은 것으로 변화할 때, 인간은 운동된다. 따라서 이런 식으로 운동은 따뜻해지거나 차가워지거나 장소를 바꾸거나 확장된다. 그러나 이러한 것은 불가능하다. 왜냐하면 밑바탕들의 변화가 아니기 때문이다), 혹은 다른 한쪽의 밑바탕이 변화에 의해서 다른 종으로 변화함에서, 예를 들면 인간이 아픈 상태로부터 건강한 상태로 변화하는 것에서 운동이 일어날 수 있다. 그러나 이러한 것은 우연적인 변화를 제외하고는 가능하지 않다. 왜냐하면 모든 운동은 어떤 것으로부터 다른 것으로의 변화이며, 이와 같은 의미에서 생겨남과 사라짐이기 때문이다. 그렇지만 생겨남과 사라짐은 어떤 의미에서 반대로 놓여 있는 것으로의εἰς ἀντικείμενα 변화이며, 운동은 다른 의미에서 반대로 놓여 있는 것으로의 변화이다.[78] 그러므로 동시에 건강함으로부터 아픔으로 변화하며, 이러한 변화 자체로부터 다른 변화로 변화한다. 사실 만일 아플 수 있다면, 어떤 종류로 변화하게 될 것이며(왜냐하면 정지해 있을 수 있기 때문에) 더욱이 항상 임의적으로 일어나지 않을 것으로 변화할 것임이 분명하다. 그리고 이러한 변화는 어떤 이것으로부터 다른 어떤 것으로 일어날 것이다. 따라서 반대로 놓여 있는 것으로 변화, 즉 건강으로 회복일 것이다. 그러나 이러한 변화가 우연적으로 일어난다. 예를 들면 기억함으로부터 망각으로 변화한다. 왜냐하면 실제로 있는 것이 한때는 앎으로 한때는 모름으로 변화하기 때문이다.—나아가 만일 변화가 변화로부터 그리고 생겨남이 생겨남으로부터 일어나게 된다면, 이러한 것은 무한으로 나갈 것이다. 그러므로 만일 뒤의 것이 일어난다면, 앞의 것이 필연적으로 일어났다. 예를 들면 단순한 생겨남ἡ ἁπλῆ γένεσις이 어느 때에 생겨났다면, 생겨난 것도 이미 생겨났다. 1068b 결국 단순히 생겨난 것은 아직 있지 않고, 오히려 생겨난 어떤 것 〔혹은〕 생겨난 것이 이미 있다. 그리고 이것은 어느 땐가 이미 생겨났다. 따라서 생겨나는 것은 이때는 아직 있지 않았다. 그러나 처음의 어떤 것은 무한자들로부터 있지 않기 때문에, 처음의 것은 없을 것이다. 따라서 뒤따른 것도 없을 것이다. 그러므로 생겨남도 운동됨도 변화함도 있을 수 없다. 나아가 같은 것으로부터 대립하는 것은 운동과 정지, 그리고 생겨남과 사라짐이다. 따라서 생겨나는 것은, 생겨나는 것이 생겨날 때, 이때에 사라진다. 왜냐하면 생겨날 때 곧바로 생겨나는 것이 아니며 다음에 생겨나는 것도 아니기 때문이다. 왜냐하면 사라지는 것이 있어야만 하기 때문이다. 나아가 생겨나는 것에서 그리고 변화하는 것에서 질료ὕλη가 바탕에 놓여 있어야만 한다. 그러므로 육체 혹은 영혼이 변경되는 것처럼—이와 마찬가지로 운동 혹은 생겨남이 일어나는 것으로서 무엇은 무엇일까? 더 나아가 사물들이 무엇으로 운동되는가? 왜냐하면 운동 혹은 생겨남은 여기 어떤 것이 여기 이것으로부터 여기 저것으로의 운동 혹은 생겨남이어야만 하기 때문이다. 그러므로 어떻게? 왜냐하면 배움의 생겨남은 배움이 아닐 것이기 때문이다. 따라서 생겨남은 생겨남으로부터 일어나지 않는다. 그러나 실체로부터도 관계로부터도 행함과 당함으로부터도 운동은 일어나지 않기 때문에, 질과 양 그리고 장소에서 운동이 일어나는 것을 남겨둔다(왜냐하면 대립은 이것들 각각에서만 있기 때문이다). 그리고 나는 질을 실체에서 있는 것으로 생각하지 않고(왜냐하면 차이는 질과 관계하기 때문에) 오히려 감각 작용에 의해 지각되는 것으로 여긴다. 이러한 것에서 작용받는 것 혹은 작용받지 않는 것이 일컬어진다. 그러나 운동하지 않는 것은 운동시켜짐이 완전히 불가능한 것이며, 많은 시간에서 거의 운동되지 않는 것 혹은 운동이 어렵게 시작되는 것이며, 운동됨 혹은 운동 가능한 것이 본성에 적합한 것과 운동됨이 본성에 적합한 때에ὅτε, 적합한 곳에서οὗ 그리고 적합한 방법으로ὥς 〈운동되지 못한 것〉이다. 운동하지 않는 것들 중 내가 언급하는 것은 단지 정지한 것뿐이다. 왜냐하면 정지는 운동에 대립하는 것이기 때문이다. 따라서 정지는 운동을 받아들이기에 적합한 결핍일 것이다.

처음의 한 개의 공간에서 있는 것들은 공간에 따라서 함께 있으며, 다른 공간에서 있는 것들은 분리되어 있다. 그러나 끝이 함께 있는 것들은 연결되어 있다. 그리고 변화하는 것은 본성적으로 연속해서 변화하는 것이 최후의 것으로 변화하는 것보다 본성상 중간자에 더 먼저 도달한다. 직선에서 가장 멀리 있는 것은 공간에서 대립하는 것이다. 위치에서 혹은 종에서 혹은 규정하는 다른 어떤 방법에서, 시작 다음에 있는 뒤따른 것은 같은 유에서 있는 것들의 중간자가 아니며, 뒤따라서 있는 것들도 중간자는 아니다. 예를 들면 선분들이 선분의 혹은 유일한 것μονάδες이 유일한 것의 혹은 집이 집의 중간자는 아니다(그러나 다른 어떤 것이 중간자임을 방해하지 않는다). 왜냐하면 뒤따르는 것은 어떤 것에 뒤따르는 것이며 나중의 어떤 것이기 때문이다. 즉 하나τὸ ἕν는 둘에 뒤따르는 것이 아니며, 새 달의 첫째 날은 둘째 날에 뒤따르는 것이 아니다. 그러나 마땅히 뒤따르는 것과 관계된 것은 연결된 것이다. 그러나 모든 변화는 반대로 놓여 있는 것에서 일어나며, 그리고 대립하는 것들과 모순은 반대로 놓여 있는 것들이지만 모순의 어떤 것도 가운데μέσον와 관계하지 않기 때문에, 중간자는 대립하는 것들에서 있다는 것이 분명하다. 그러나 연속적인 것은 어떤 것과 관계된 것이다. 그리고 같은 것이 생겨나며, 연결되고 연속되는 것들의 한계가 한 개인 경우에 나는 연속적인 것이라고 생각한다. 따라서 연속적인 것은 하나의 어떤 것이 함께 연결된 것에서 생겨나기에 본성상 적합한 것들에서 있다는 것은 자명하다. 그리고 뒤따르는 것은 첫 번째라는 것이 분명하다(왜냐하면 뒤따르는 것은 연결되지 않지만, 연결되는 것은 뒤따르는 것이기 때문이다. 그리고 만일 뒤따르는 것이 연속하는 것이라면, 연결된 것이지만, 뒤따르는 것이 연결된다 할지라도, 아직 연속적인 것은 아니다. 그러나 연결이 없는 것들에서 함께 성장함은 없다). 따라서 점과 유일한 것은 같은 것이 아니다. 왜냐하면 점은 연결된 것이 실제로 있지만, 유일한 것은 그렇지 않고, 오히려 뒤따르는 것이 있기 때문이다. 그리고 점은 중간자가 있으며, 유일한 것은 중간자가 없기 때문이다.

Λ.
형이상학적 실체에 관한 탐구

1. 실체의 세 종류

고찰은 실체에 관해서 행해진다. 왜냐하면 실체들의 원리들과 원인들이 탐구되기 때문이다. 즉 만일 모든 것이 전체로서 어떤 것이라면, 실체는 전체의 첫 번째 부분이다. 그러므로 만일 순서대로 세운다면, 같은 방식에서 실체가 첫 번째이고, 다음이 질이며, 그다음이 양이다. 그러나 언급된 것처럼, 동시에 이러한 것들은, 예를 들면 질들과 운동들처럼, 단순히 있는 것들이 아니다. 혹은 또한 하얗지 않은 것과 곧지 않은 것처럼 있는 것들이 아니다. 물론 우리는 예를 들면 하얗지 않은 것이 있는 것처럼, 이러한 것들이 있다고 말한다. 나아가 이러한 것들은 결코 다른 것들로부터 분리할 수 없다. 물론 초기 철학자들이 탐구를 통해서 증명했다. 왜냐하면 이들은 실체의 원리들과 기초 요소들 그리고 원인들을 탐구했기 때문이다. 확실히 오늘날의 철학자들은[79] 보편적인 것들τὰ καθόλυ을 더욱더 실체들로 세워놓았다(왜냐하면 그들이 개념적으로 탐구한 것을 통하여 더욱더 원리들이고 실체들이라고 언급한 유들은 보편적이기 때문이다). 그러나 옛날 철학자들은, 예를 들면 불과 흙처럼, 개별자로 있는 것들을 더욱더 실체들로 세웠는데, 그렇지만 공통적인 물질은 아니다. 그러나 실체들은 세 가지다. 먼저 한 가지는 감각적인 실체인데—이것의 한 가지는 영원한 것이며 다른 한 가지는 식물들과 동물들처럼 모든 사람들이 동의하는, 사라지는 것이다. 〔다른 한 가지는 영원한 것이다.[80]〕—한 개이든지 혹은 여럿이든지 간에 감각적인 실체를 기초 요소들로 받아들여야만 한다. 그러나 다른 것은 운동할 수 없는 실체다. 그리고 이러한 실체를 어떤 사람들은 분할할 수 있는 것이라고 말한다. 이들 중 일부는 이러한 실체를 둘로 분할하며, 일부는 형상들과 수학적 대상들을 한 개의 본성으로 파악하고, 일부는 이것들 중 수학적 대상들만을 운동할 수 없는 실체로 파악한다.[81] 사실 감각적인 실체는 자연학에 속하며(왜냐하면 운동과 함께 있기 때문에), 만일 운동할 수 없는 실체가 감각적인 실체와 결코 공통적인 원리를 갖지 않는다면, 운동할 수 없는 실체는 다른 학문에 속한다.

그러나 감각적인 실체는 변화할 수 있는 것이다. 그러나 만일 변화가 반대로 놓여 있는 것으로부터ἐκ τῶν αντικειμένων 혹은 중간자로부터 일어난다면, 그러나 모든 반대로 놓여 있는 것들로부터가 아니라(왜냐하면 〈또한〉 소리는 하얀 것에 반대로 놓여 있는 것이 아니기 때문에) 오히려 대립하는 것으로부터ἐκ τοῦ ἐναντίου 일어난다면, 대립하는 것으로 변화하는 것은 반드시 어떤 것이 바탕으로 놓여 있어야만 한다. 왜냐하면 대립하는 것들은 변화하지 않기 때문이다.

2. 질료와 변화

나아가 어떤 것은 머물러 있지만, 대립하는 것은 머물러 있지 않다. 그러므로 대립하는 것의 곁에 제3의 어떤 것, 즉 질료ἡ ὕλη가 있다. 사실 만일 변화들이 네 종류라면, 무엇에서κατὰ τὸ τί 혹은 질에서κατὰ τὸ ποῖον 혹은 양에서πόσον 혹은 방법에서ποῦ 변화한다면, 그리고 단순히 여기 이것에서 변화는 생겨남과 사라짐이고, 양에서 변화는 증가와 감소이고, 경향성πάθος에서 변화는 질적 변화ἀλλοίωσις이고, 장소에서 변화는 공간 운동φορά이라면, 변화들은 개별자에서 대립하는 것들로 변화일 것이다. 그러므로 가능태로서 질료는 필연적으로 대립하는 두 방향으로 변화해야만 한다. 그러나 있는 것은 이중적이기 때문에, 모든 있는 것은 가능태에서 있는 것으로부터 활동태에서 있는 것으로 변화한다(예를 들면 가능태에서 하얀 것으로부터 활동태에서 하얀 것으로 변화하며, 또한 증가와 감소에서도 마찬가지다). 따라서 어떤 것은 있지 않은 것으로부터 우연적으로 생겨날 수 있을 뿐만 아니라, 또한 모든 것들은 있는 것으로부터 생겨난다. 물론 가능태에서 있는 것으로부터 생겨나며, 활동태에서 있는 것으로부터는 생겨나지 않는다. 그리고 이러한 것은 아낙사고라스의 하나τὸ ἕν이다. 왜냐하면 "모든 것은 함께 있다"보다—엠페도클레스와 아낙시만드로스의 혼합, 그리고 데모크리토스가 말한 것처럼—"모든 것은 가능태에서 함께 있으며, 활동태에서는 아니나"라는 것이 더 좋기 때문이다. 따라서 이들은 모든 것을 질료로 파악한 자들일 것이다. 변화하는 모든 것은 질료와 관계하지만, 다른 질료와 관계한다. 그리고 영원한 것들에 대하여 생겨날 수 없는 것들 그러나 장소 운동에서φορᾷ 운동할 수 있는 것들은 질료와 관계하지만, 생겨날 수 있는 것을 위해서가 아니라 오히려 어디로부터 어디로의 운동을 위해서 질료와 관계한다. 〔누군가는 있지 않은 어떤 종류로부터 생겨남이 가능한지를 물을 수 있을 것이다. 왜냐하면 있지 않은 것τὸ μὴ ὄν은 세 가지로 일컬어지기 때문이다.〕 만일 어떤 것이 이미 가능태에서 있다면, 그렇지만 그것은 임의적인 것으로부터 생겨나는 것이 아니라 오히려 다른 것은 그것과 다른 것으로부터 생겨난다. 모든 것들이 같은 종류라는 것은 충분하지 않다. 왜냐하면 질료에서 구별되기 때문이다. 도대체 무엇 때문에 하나가 아닌 무한한 것들이 생겨났는가? 왜냐하면 정신ὁ νοῦς이 하나이며, 따라서 만일 질료 또한 하나라면, 가능태에서 질료였던 것이 활동태에서 생겨났기 때문이다. 그러므로 원인들이 세 개이며 원리들도 세 개인데, 대립이 두 개를 만드는데, 한 개는 개념과 형상이며 한 개는 결핍이고 세 개째는 질료다.

3. 생겨남에서 질료와 형상

다음으로 질료도 형상도 생겨나지 않는 것이며, 맨 나중
의 것들이라고 나는 생각한다. 왜냐하면 모든 것은 어떤 것
이 어떤 것에 의해서 그리고 어떤 것으로 변화하기 때문이
다. 무엇에 의해서는 맨 처음 운동하는 것이다. 무엇은 질료 1070a
이다. 그리고 무엇으로는 형상이다. 만일 둥근 것으로서 청
동뿐만 아니라 둥근 것 혹은 청동 또한 생겨난다면, 이러한
것은 무한으로 나갈 것이다. 그러므로 이러한 것을 정지시켜
야만 한다.—다음으로 각각의 실체는 같은 이름으로 불리는
것으로부터 생겨난다(왜냐하면 자연적인 것들과 다른 것들은 실
체들이기 때문이다). 즉 각각은 기술에서τέχνη 혹은 자연에서
φύσει 혹은 임의적인 것에서τύχη 혹은 자발적인 것에서 생
겨난다. 그러므로 기술은 원리가 다른 것에서 있지만, 자연
은 원리가 자신에서 있으며(왜냐하면 인간이 인간을 낳기 때문

에), 그 밖의 다른 것들은 이 둘의 결핍들이 원인들이다. 그러나 실체는 셋이다. 한 개는 질료인데, 보이는 것에서 있는 여기 어떤 이것τόδε τι이며(왜냐하면 결합되어 있으면서 함께 성장하지 않는 것들은 질료와 밑바탕이기 때문에), 다른 것은 본성 ἡ φύσις인데, 여기 어떤 이것과 사물이 도달한 어떤 상태다. 나아가 세 번째는 이 둘로부터 형성된 것인데, 예를 들면 소크라테스 혹은 칼리아스처럼 개별자들로 있는 실체다. 그러므로 만일 기술이 제외된다면, 어떤 것들에서 여기 어떤 이것은 함께 있는 실체 곁에서 있을 수 없다(형상들의 생겨남과 사라짐은 있지 않고, 오히려 질료 없는 집과 건강 그리고 기술적인 모든 것은 다른 방식에서 있으며 있지 않다). 그러나 만일 여기 어떤 이것이 함께 있는 실체와 떨어져서 있다면, 자연에서 있는 것들에서 그럴 것이다. 이 때문에 만일 형상들이 있다면, 그러나 예를 들면 불, 살, 머리처럼 형상들이 이러한 것들에 속하지 않는다면, 사물들이 자연에서 있는 만큼 형상들이 있다고 말한 플라톤은 틀리지 않았다. 왜냐하면 모든 사물들은 질료이며, 완전히 완성된 질료는 최고의 실체에 속하기 때문이다. 사실 운동하는 원인들은 앞서서 있지만, 동시에 개념으로서 있다. 왜냐하면 인간이 건강할 때, 이때에 또한 건강이 있으며, 청동으로 된 구의 모양τὸ σχῆμα과 청동으로 된 구가 동시에 있기 때문이다. 〘그러나 만일 나중에 어떤 것이 남겨져 있다면, 그것을 탐구해야만 한다. 왜냐하면 많은 것들에서 아무것도 이러한 것을 방해하지 않기 때문이다. 예를 들어 만일 영혼ἡ ψυχή이 뒤에 남겨진 어떤 것이라면, 이것은 모든 것들이 아니라 오히려 정신이다. 왜냐하면 모든 영혼들이 뒤에 남겨진 것이라는 것은 사실상 불가능하기 때문이다.》 그러므로 이러한 것 때문에 이데아들이 있을 필요가 없다는 것은 자명하다. 왜냐하면 인간은 인간을 낳으며, 개별적인 인간은 어떤 인간을 낳기 때문이다. 그러나 또한 기술적인 것들에서도 마찬가지다. 왜냐하면 치료하는 기술은 건강의 근원이기 때문이다.

4. 사물의 원인, 원리, 기초 요소는 같은 것인가?

다른 사물들의 원인들과 원리들은 다른 것들이지만, 만일 누군가가 보편적으로 그리고 비유적으로 말한다면, 모든 사물들의 원인들과 원리들은 같은 것들이다. 왜냐하면 실체들과 관계들τά πρός τι의 원리들과 기초 요소들이 서로 다른 것들인지 혹은 같은 것들인지 누군가는 물을 것이며, 같은 방식에서 틀들의 각각에 관해서도 물을 것이기 때문이다. 그러나 만일 모든 것들의 원인들과 원리들이 같은 것들이라면, 적절하지 않다. 왜냐하면 관계들과 실체가 같은 것들로부터 생겨날 것이기 때문이다. 이러한 것은 무엇일까? 왜냐하면 실체와 다른 틀 짓는 것들 곁에 공통적인 것은 아무것도 없으며, 기초 요소는 기초 요소가 속하는 것들보다 더 앞서 있기 때문이다. 그러나 사실 실체는 관계들의 기초 요소가 아니며, 관계들의 어떤 것도 실체의 기초 요소가 아니다. 나아가 어떻게 모든 것들의 기초 요소들이 같은 것들일 수 있는가? 왜냐하면 기초 요소들의 어떤 것도 기초 요소들로부터 이루어진 것과 같은 것일 수 없기 때문이다. 예를 들면 B 혹은 A는 BA와 같은 것이 아니다〚사실 예를 들면 있는 것τὸ ὄν 혹은 하나τὸ ἕν처럼, 사유들의 어떤 것도 기초 요소가 아니다. 왜냐하면 이것들은 개별자에서 함께 세워진 것들로 실제로 있기 때문이다〛. 그러므로 기초 요소들의 어떤 것도 실체나 관계는 아닐 것이다. 그리고 이러한 것은 필연적인 것이다. 그러므로 모든 것들의 기초 요소들은 같은 것들이 아니다.—혹은 우리가 언급한 것처럼,[82] 어떤 방식에서는 모든 것들의 기초 요소들이 같은 것들이지만, 어떤 방식에서는 같은 것들이 아니다. 예를 들면 대개 감각적인 물체들에 대하여 형상은 따뜻함과 그리고 다른 방식에서 따뜻함의 결핍인 차가움이며, 질료는 맨 처음에 자체에서 이러한 따뜻함과 차가움이 가능태로 있는 것이고, 실체들은, 만일 어떤 것이 따뜻함과 차가움으로부터 생겨난다면, 기초 요소들과 기초 요소들이 원리들인 기초 요소들로부터 생겨난 것들이다. 예를 들면 살 혹은 뼈 같은 것들이다. 왜냐하면 생겨난 것은 필연적으로 기초 요소들과는 다른 것이기 때문이다. 그러므로 이 경우에 이것들의 기초 요소들과 원리들은 같은 것들이지만(그러나 다른 것들에서는 다른 것들인데), 모든 것들에 대해서 이와 같이 언급할 수는 없고, 누군가가 실체들이 세 가지, 즉 형상과 결핍 그리고 질료라고 말하는 것처럼, 비유적으로는 이와 같이 언급할 수 있다. 그러나 이것들의 각각은 각각의 유에 관하여, 예를 들면 피부 색깔들에서 하얀색, 검은색, 표면 그리고 낮과 밤이 생겨나는 밝음, 어두움, 공기처럼, 서로 다르다. 그러나 원인들이 사물들 안에 있을 뿐만 아니라, 예를 들면 운동하는 것처럼 사물들 밖에도 있기 때문에, 원리와 기초 요소가 다르다는 것, 그러나 이 둘은 원인들이라는 것〔그리고 원리는 원인이 사물 안에 있는 것과 사물 밖에 있는 것으로 나누어진다는 것〕, 그러나 운동하는 것으로서 혹은 정지하는 것으로서 어떤 원리가 있다는 것은 분명하다. 따라서 기초 요소들은 비유적으로 세 개가 있지만, 원인들과 원리들은 네 개가 있다. 그러나 다른 사물에서 기초 요소는 다르며, 운동하는 것으로서 맨 처음의 원인 또한 다른 사물에서 다르다. 건강, 아픔, 몸, 이것들이 운동하는 원인은 치료 기술이다. 형상, 여기 이러한 무질서, 벽돌, 이것들을 운동시키는 원인은 건축 기술이다〔그리고 원리는 이러한 것들로 나누어진다〕. 그러나 운동하는 원인은 자연에서 있는 사물들에서는 〈같은 종류의 종τὸ ὁμοειδές이며, 예를 들면〉 인간에서 인간이 운동하는 원인인 것처럼, 그러나 사유에서 있는 것들에서는 형상 혹은 대립하는 것이기 때문에, 어떤 의미에서는 세 개의 원인들이 있을 수 있지만, 어떤 의미에서는 네 개일 수도 있다. 왜냐하면 치료 기술은 어떤 방식에서 건강하게 하며, 건축 기술은 집의 형상이고, 인간은 인간을 낳기 때문이다. 나아가 모든 이러한 것들 곁에 모든 것들 중 맨 처음 것으로서 운동하는 것이 있다.

5. 원인과 원리 : 같은 것과 다른 것

그러나 분리할 수 있는 것들과 분리할 수 없는 것들이 있기 때문에, 실체들은 분리할 수 있는 것들이다. 그리고 이런 이유 때문에 모든 것들의 원인들은 같은 것들이다. 왜냐하면 실체들 없이는 경향성들τὰ πάθη과 운동들은 있지 않기 때문이다. 그러므로 원인들은 대체로 영혼과 육체, 혹은 정신과 열망과 육체일 것이다.—나아가 그러나 다른 의미에서 비유적으로 원리들은 같은 것들, 즉 활동태와 가능태이다. 그러나 또한 이러한 원리들은 다른 사물들에서 그리고 다른 방식에서 다른 것들이다. 왜냐하면 같은 것이 다른 사물들에서 한때는 활동태에서 한때는 가능태에서 있기 때문이다. 예를 들면 같은 것이 포도주 혹은 살 혹은 인간이다(그러나 또한 이러한 원리들은 언급된 원인들에 속한다. 즉 만일 분리할 수 있다면, 형상 그리고 양쪽으로부터 생겨난 것, 그러나 예를 들면 어두움 혹은 아픔처럼 결핍은 활동태에서 원리이지만, 질료는 가능태에서 원리이다. 왜냐하면 이러한 것은 양쪽이 생겨나기에 가능한 것이기 때문이다). 그러나 다른 방식에서 질료가 같은 것이 아닌 것들 그리고 형상이 같은 것이 아닌 오히려 다른 것들은 활동태와 가능태에서 구별된다. 마치 인간의 원인이 기초 요소들, 즉 질료로서 불과 흙과 그리고 고유한 형상, 나아가 그 밖의 다른 어떤 것, 예를 들면 아버지, 그리고 이것들 외에 해와 타원 궤도인 것과 같다. 그런데 해와 타원 궤도는 질료도 형상도 결핍도 같은 종류의 종도 아닌 오히려 운동하는 것들이다. 그러나 더 나아가 한편으로는 원인들을 보편적인 것으로 말하는 것에, 다른 한편으로는 그렇지 않은 것에 주목해야만 한다. 사실 모든 것들의 맨 처음의 원리들은 활동태에서 맨 처음의 여기 이것이며, 가능태에서 맨 처음의 다른 여기 이것이다. 그러므로 이미 언급된 원인들은 보편적인 것들이 아니다.[83] 왜냐하면 개별적인 것들의 원리는 개별적인 것이기 때문이다. 즉 인간은 인간의 보편적인 원리이지만, 보편적인 인간은 있지 않다. 그러나 펠레우스는 아킬레우스의 원리이며 아버지는 너의 원리이다. 그리고 여기 이 B는 여기 이 BA의 원리이지만, 그러나 일반적인 B는 일반적인 BA의 원리이다. 그러므로 이미 실체들의(그러나 서로 다른 것들의 원인들과 기초 요소들은 서로 다른 것들인데) 원인들과 기초 요소들이 있다. 그런데 언급된 것처럼,[84] 비유적인 방법에서를 제외하고, 같은 유에서 있지 않은 것들의, 즉 색깔들의, 소음들의, 실체들의, 양들의 원인들과 기초 요소들은 다르다. 그리고 같은 종에서 있는 것들의 원인들과 기초 요소들은 서로 다른 것들인데, 종에서가 아니라 오히려 다른 개별자들의 원인들과 기초 요소들이 다른 것이기 때문이다. 너의 질료와 형상과 운동시킨 것과 나의 것은 원인과 기초 요소는 다르지만, 보편적인 개념에서는 같은 것들이다. 사실 실체들과 관계들 그리고 질들의 원리들 혹은 기초 요소들이 무엇인지, 그리고 같은 것들인지 혹은 다른 것들인지를 탐구한다면, 원리들과 기초 요소들은 여러 가지 의미로 언급될 때 개별적인 것의 원리들과 기초 요소들이라는 것, 그러나 어떤 방식을 제외하고는, 이것들이 분리될 때 이것들은 같은 것들이 아니라 오히려 다른 것들이라는 것이 자명하다. 그리고 어떤 방식으로 〔혹은〕 비유에서 모든 것들의 원인들과 기초 요소들은 같은 것들인데, 왜냐하면 질료, 형상, 결핍, 운동하는 것이 같은 것들이기 때문이며, 또한 어떤 방식에서 실체들의 원인들은 모든 것들의 원인들로 여겨지는데, 왜냐하면 실체들의 원인들이 제거될 때 모든 것들이 다 제거되기 때문이다. 나아가 맨 처음의 원인은 완성태에서ἐντελεχείᾳ 있다. 그러나 어떤 방식에서 유들로서 일컬어지지 않으며 다양한 의미로도 〔일컬어지지] 않는 대립자들인 한에서 맨 처음의 원인들은 서로 다르다. 더 나아가 질료들 또한 서로 다르다. 그러므로 감각 1071b
적인 대상들의 원리들이 무엇이며 얼마나 많은지, 그리고 원리들이 어떻게 같은 것들이며 어떻게 다른 것들인지가 논의되었다.

6. 가능태와 활동태에서 운동과 맨 처음의 운동

그러나 세 종류의 실체가 있는데,[85] 자연에서 있는 것들이 두 종류이며, 나머지 한 종류는 운동하지 않는 것ἡ ἀκίνητος이기 때문에, 운동하지 않는 실체에 관해서 필연적으로 영원히 운동하지 않는 실체ἀΐδιόν τινα οὐσίαν ἀκίνητον여야 한다는 것을 언급해야만 한다. 왜냐하면 실체들이 있는 것들 중 맨 처음이며, 만일 모든 실체들이 사라지는 것들이라면, 모든 것들은 사라지는 것들이기 때문이다. 그러나 운동이 생겨나거나 사라지는 것은 불가능하며(왜냐하면 운동은 항상 있기 때문에), 시간χρόνον도 생겨나거나 사라지지 않는다. 왜냐하면 시간이 없다면, 앞의 것도 뒤의 것도 있을 수 없기 때문이다. 그리고 시간처럼 운동도 계속 이어진다. 왜냐하면 시간은 운동과 같은 것이거나 운동의 경향성이기 때문이다. 그러나 운동은 공간에서 운동을 제외하면 연속 운동이 아니며,

연속 운동은 원에서의 운동이다.

그렇지만 만일 운동할 수 있는 것κινητικόν 혹은 작용할 수 있는 것ποιητικόν이 있다면, 그러나 활동하지는 않는μὴ ἐνεργοῦν 것이라면, 운동은 있지 않을 것이다. 왜냐하면 가능태와 관계하는 것은 활동할 수 없기 때문이다. 그러므로 우리가 영원한 실체들을 다룰 경우에 이데아들을 다루는 자들처럼, 만일 어떤 가능한 원리가 변화할 수 없다면, 아무런 도움도 되지 않을 것이다. 그러므로 이러한 것은 충분한 것이 못 되며, 또한 형상들 곁에 다른 실체는 있지 않다. 왜냐하면 만일 활동하지 못할 것이라면, 운동은 있지 않을 것이기 때문이다. 나아가 만일 활동할 것이라면, 그러나 그것의 실체가 가능태일 것이라면, 운동은 있지 않을 것이다. 왜냐하면 운동은 영원히 있지 않을 것이기 때문이다. 왜냐하면 가능태에서 있는 것은 있지 않을 수 있기 때문이다. 그러므로 원리는 필연적으로 실체가 활동태인 이러한 종류여야만 한다. 더 나아가 이러한 실체들은 필연적으로 질료 없이 있어야만 한다. 왜냐하면 만일 다른 것이 영원한 것이라면, 이러한 실체들이 영원한 것이어야만 하기 때문이다. 그러므로 실체들은 활동태다. 그렇지만 어려운 문제가 있다. 왜냐하면 활동적인 것은 모두가 가능한 것으로 여겨지지만, 가능한 것은 모두가 활동하는 것으로는 여겨지지 않기 때문이다. 따라서 가능태가 활동태보다 더 앞선 것이다. 그렇지만 만일 이러하다면, 있는 것들 중 어떤 것도 있을 수 없을 것이다. 왜냐하면 있음이 가능한 것은 아직 있음일 수 없기 때문이다. 그렇지만 만일 모든 것을 밤으로부터 생겨나게 하는 신학자들이 언급한 것처럼, 혹은 자연철학자들이 "모든 사물들은 함께 있다"고 말한 것처럼 그러하다면, 같은 것은 불가능하다. 만일 어떤 원인이 활동태에서 있을 수 없다면, 도대체 어떻게 운동시켜질 것인가? 왜냐하면 질료는 자신이 스스로 운동하지 못할 것이고, 오히려 건축 기술이 그것을 운동시킬 것이며, 배란도 흙도 스스로 운동하지 못할 것이고 오히려 씨앗과 정자가 이것들을 운동시킬 것이기 때문이다. 이 때문에 예를 들면 레우키포스와 플라톤[86]처럼, 몇몇 사람들은 항상 활동태를 다룬다. 왜냐하면 그들은 항상 활동태를 운동이라고 말하기 때문이다. 그러나 그들은 무엇 때문에διὰ τί 운동이 일어나며 운동이 무엇인지를τίνα 말하지 않았다. 또한 이렇게 〈혹은〉 저렇게 운동하는 원인을 말하지 않았다. 왜냐하면 임의적으로 일어난 것처럼 운동되는 것이 아니라, 오히려 마치 어떤 방식에서는 본성에서 운동하지만, 다른 방식에서는 강압에서βίᾳ 혹은 정신에 의해서 혹은 다른 것에 의해서 운동하는 것처럼, 어떤 것이 항상 필연적으로 실제로 있어야만 하기 때문이다. 나아가 어떤 종류의 운동이 맨 처음의 운동인가? 왜냐하면 이것이 너무나도 큰 차이를 나타내기 때문이다. 그러나 분명 플라톤에게서 때때로 원리인 것으 1072a

로 간주되는 운동, 즉 그 자신 스스로 운동하는 것τὸ αὐτὸ ἑαυτὸ κινοῦν을 말할 수 없다.[87] 왜냐하면 그가 말한 것처럼, 영혼ἡ ψυχή은 보다 나중의 것이며 천체와 동시에 있기 때문이다.[88] 사실상 가능태가 활동태보다 더 앞서는 것으로 보이는 것은 한편으로는 적합하지만 다른 한편으로는 적합하지 않다(그러나 어떻게 이러한지는 이미 언급했다[89]). 그러나 활동태가 더 앞선다는 것을 아낙사고라스와(왜냐하면 정신이 활동태이기 때문에) 좋아함과 싸움을 주장하는 엠페도클레스가 증명했으며, 운동이 항상 있다고 말한 자들, 예를 들면 레우키포스가 증명했다. 따라서 만일 활동태가 가능태보다 더 앞선 것이라면, 무한한 시간ἄπειρον χρόνον은 텅 빈 공간τὸ χάος 혹은 밤이 아니라, 오히려 순환에서 혹은 다른 방식에서 항상 같은 것들이다. 그러므로 만일 같은 것이 항상 순환하고 있다면, 같은 방식에서 활동하고 있는 것으로 항상 머물러 있어야만 한다. 그러나 만일 생겨남과 사라짐이 있어야만 한다면, 다른 것은 매번 다른 방식으로 항상 활동하는 것이어야만 한다. 그러므로 항상 활동하는 것은 이러한 방식에서 자기 자신으로, 저러한 방식에서 다른 것으로 활동해야만 한다. 그러므로 분명 이것과는 다른 것으로 혹은 맨 처음의 것으로 활동해야만 한다. 그러므로 맨 처음의 것으로 활동해야만 한다. 왜냐하면 저것은 다시 이것에서 그리고 이것은 또 다른 저것에서 원인이기 때문이다. 그러므로 맨 처음의 것이 더 좋은 것이다. 왜냐하면 맨 처음의 것은 항상 같은 방식으로 활동하는 것의 원인이기 때문이다. 그러나 두 번째 것은 다른 방식으로 활동하는 것의 원인이다. 그리고 이 둘은 항상 다른 방식으로 활동하는 것의 원인이라는 것이 분명하다. 그러므로 운동들은 같은 방식으로 관계한다. 다른 원리들을 탐구하는 것은 무엇을 필요로 하는가?

7. 맨 처음 운동하는 것과 신

그러나 사물이 그렇게 가능하기 때문에, 그리고 설령 그렇게 가능하지 않더라도, 모든 사물들은 밤으로부터, 모든 것들이 함께 있는 것으로부터 그리고 있지 않은 것으로부터 생겨날 것이기 때문에, 어려운 물음들을 풀 수 있을 것이다. 그리고 항상 운동되는 어떤 것은 멈추지 않는 운동이고, 이것은 원 운동ἡ κύκλῳ이다(그리고 이러한 것은 개념에서뿐만 아니라 작용에서도 분명하다). 따라서 맨 처음의 천체는 영원한 것일 것이다. 그러므로 어떤 것이 있으며 이것은 운동한다. 그러나 운동되는 것과 운동하는 것τὸ κινοῦμενον καὶ κινοῦν 그리고 가운데μέσον가 …… 때문에, 그렇지만 운동되지 않으면서 운동하는 어떤 것이 있으며, 이것은 영원하며 실체이고 활동태이다. 그러나 열망하는 것τὸ ὀρεκτόν과 사유하는 것τὸ νοητόν은 같은 방식에서 운동한다. 이것들은 운동되지 않으면서 운동한다. 이것들의 맨 처음의 것들은 같은 것들이다. 왜냐하면 아름답게 보이는 것은 열망할 만한 가치가 있는 것이지만, 맨 처음에 열망하는 것은 아름답게 있는 것이기 때문이다. 그러나 우리가 열망하기 때문에 아름다운 것으로 보이는 것이라기보다는 오히려 아름다운 것으로 보이기 때문에 우리가 열망하는 것이다. 왜냐하면 사유ἡ νόησις는 원리이기 때문이다. 그리고 정신은 사유에 의해서 운동되지만, 같은 계열에 있는 다른 한 개의 사유는 스스로 사유할 수 있는 것이다. 그리고 실체는 사유의 맨 처음이며, 단순하고 활동태에서 있는 실체가 실체의 맨 처음이다(그러나 하나τὸ ἕν와 단순한 것τὸ ἁπλοῦν은 같은 것이 아니다. 왜냐하면 하나는 척도를 나타내지만, 단순한 것은 어떤 방식에서 하나와 관계하는 것을 나타내기 때문이다). 그렇지만 또한 아름다운 것τὸ καλόν과 아름다운 것 때문에 받아들이는 것은 같은 계열에 있다. 그
1072b 리고 맨 처음의 것은 항상 최고이거나 이와 유사한 것이다. 그러나 무엇 때문τὸ οὗ ἕνεκα이 운동하지 않는 것들에서 있다는 것은 이것에 대한 분석이 밝혀줄 것이다. 왜냐하면 '무엇 때문'은 사물의 운동이 어떤 것을 위해서τινί 〈그리고〉 어떤 것에 의해서τινός인데, 뒤의 것은 운동할 수 없는 것들에 속하지만 앞의 것은 그것들에 속하지 않기 때문이다. 그러나 '무엇 때문'은 사랑받는 것처럼 운동하지만, 다른 것들은 운

동되는 것을 통해서 운동한다. 그러므로 만일 어떤 것이 운동된다면, 다른 방식으로 운동과 관계할 수 있다. 따라서 만일 맨 처음의 장소 운동ἡ φόρα이 활동태에서 있다면, 이것은 운동되는 한에서 다른 방식으로, 즉 비록 실체에서는 아니지만 공간에서, 관계할 수 있다. 그러나 스스로는 운동할 수 없으면서 활동태에서 있는 운동하는 어떤 것이 있기 때문에, 이러한 것은 결코 다르게는 관계할 수 없다. 왜냐하면 변화하는 것들 중 맨 처음의 변화는 장소 운동이며, 원 운동이 이러한 것에 속하기 때문이다. 그러나 운동할 수 없으면서 운동하는 것이 원 운동을 한다. 그러므로 운동할 수 없으면서 운동하는 것이 필연적으로 있다. 그리고 이것은 필연적인 한에서 아름다우며, 이러한 의미에서 원리이다. 왜냐하면 필연적인 것은 그렇게 많은 의미에서, 즉 한편으로 충동에 반대적이기 때문에 강압으로, 다른 한편으로 그것 없이는οὗ ἄνευ 좋은 것τὸ εὖ이 있을 수 없는 것으로, 또 다른 한편으로 다르게는 가능할 수 없고 단지 그렇게만 가능한 것으로 말해지기 때문이다.—그러므로 천체와 자연은 이러한 종류의 원리에 의존한다. 그러나 이것들의 진행은 가장 좋은 것ἡ ἀρίστη이 우리에게 짧은 시간 동안인 것처럼 그렇게 짧다. 왜냐하면 운동할 수 없으면서 운동하는 것은 항상 이와 같은 상태에 있기 때문이다(우리에게는 불가능한 것이다). 왜냐하면 이것의 활동태는 즐거움이기 때문이다(그리고 이 때문에 깨어 있음, 감각적인 앎 그리고 사유가 가장 즐거운 것이며, 이러한 것들 때문에 희망과 기억 또한 가장 즐거운 것이다). 그러나 사유 자체는 좋은 것 자체다. 그리고 최고의 사유는 가장 좋은 것이다. 그러나 정신은 사유에 참여함에 따라서 자기 자신을 사유한다. 왜냐하면 정신이 사유에 다가서고 사유함으로써 자신을 사유할 수 있게 되기 때문이다. 따라서 정신과 사유할 수 있는 것은 같은 것이다. 왜냐하면 정신은 사유할 수 있는 것과 실체를 받아들이기에 적합한 것이며, 이것들과 관계할 때 정신이 활동하기 때문이다. 따라서 정신이 신적인 것과 관계하는 것으로 여겨지는 것이 사유와 실체를 받아들이기에 적합한 정신보다 더 많이 활동하는 것이다. 그리고 고찰ἡ θεωρία은 가장 즐거운 것이며 가장 좋은 것이다. 그러므로 만일 우리가 어떤 때에 관계하는 것처럼, 그렇게 신이 항상 잘 관계한다면, 놀라운 일일 것이다. 그러나 만일 신이 더 잘 관계한다면, 보다 더 놀라운 일일 것이다. 그러나 신은 이렇게 관계한다. 그러나 또한 신에게도 삶이 실제로 있다. 왜냐하면 정신의 활동태는 삶이며, 신은 활동태이기 때문이다. 자체로 신의 활동태로서 삶은 가장 좋은 것이며 영원한 것이다. 그러므로 우리는 신은 살아 있는 가장 좋은 영원한 것이라고 말한다. 따라서 신에서 삶은 항상 지속적으로 영원히 실제로 있다. 왜냐하면 이러한 것이 신ὁ θεός이기 때문이다. 그러나 피타고라스학파[90]와 스페우시포스[91]가, 식물들과 동물들의 원리들이 원인들이지만 아름다움과 완성된 것이 원인들에서 식물들과 동물들로부터 생겨나기 때문에 아름답고 가장 좋은 것이 원리에서 있지 않다고 여긴 것을 받아들인 자들은 옳게 여겨지지 않는다. 왜냐하면 씨앗은 이것과는 다른 보다 앞선 완성된 것으로부터 생겨나며, 맨 처음의 것은 씨앗 1073a 이 아니라 완성된 것τὸ τελείον이기 때문이다. 예를 들면 인간은 씨앗보다 앞선 것이라고, 즉 씨앗으로부터 생겨난 인간이 아니라 오히려 씨앗을 생겨나게 하는 다른 인간이라고 말할 수 있다. 그러므로 실체는 영원하며 운동하지 않고 감각적 지각 대상들로부터 분리된 것이라는 것이 언급된 것들로부터 분명해진다. 그러나 또한 이러한 실체는 크기와 관계할 수 없고 오히려 부분이 아니며 나눌 수 없는 것을 나타낸다 (왜냐하면 실체는 무한한 시간을 운동하지만, 한정된 것은 무한히 가능태와 관계하지 않기 때문이다. 그러나 모든 크기는 무한이거나 한정된 것이기 때문에, 이런 이유로 실체는 한정된 크기와 관계할 수 없지만, 단순히 무한한 크기는 있지 않기 때문에 무한과도 관계할 수 없다). 그렇지만 또한 이러한 실체는 경향성이 아니며ἀπαθές 질적 변화를 할 수 없는 것ἀναλλοίωτον이다. 왜냐하면 모든 다른 운동하는 것들은 공간에서 운동보다 나중이기 때문이다. 그러므로 사물들이 무엇 때문에 이러한 방식으로 관계하는지가 분명해진다.

8. 맨 처음 운동하는 것과 장소 운동하는 것들

그러나 이러한 종류의 실체가 하나인지 혹은 여럿인지, 그리고 얼마나 많은지를 파악해야만 하며, 다른 사람들이 실체의 많은 수에 관하여περὶ πλήθους 명쾌하게 언급한 것은 아무것도 없다는 것을 간과해서는 안 되며, 오히려 기억해야만 한다. 왜냐하면 이데아들에 관한 이론ἡ ὑπόληψις은 결코 한 번도 본질적인 탐구를 하지 않기 때문이다(왜냐하면 이데아를 언급하는 자들은 이데아들을 수들ἀριθμοὺς이라고 말하지만, 수들에 관하여 한편으로는 무한한 것에 관한 것으로서, 다른 한편으로는 10까지 제한된 것들로서[92] 언급하기 때문이다. 그러나 무슨 이유 때문에 수들의 많은 수가 이만큼인지를 정당하게 증명하지는 못했다). 그러나 우리는 밑바탕들과 규정된 것들로부터 실체의 수에 관하여 언급해야만 한다. 왜냐하면 원리와 있는 것들 중 맨 처음의 것은 스스로뿐만 아니라 우연적으로도 운동할 수 없는 것이지만, 맨 처음의 영원한 하나의 운동을 하는 것이기 때문이다. 그리고 운동되는 것은 필연적으로 어떤 것에 의해서 운동시켜져야만 하며, 맨 처음 운동하는 것은 스스로 운동하지 않는 것이어야만 하고, 또한 영원한 운동은 영원한 것에 의해서 그리고 하나의 운동은 하나에 의해서 운동되어야만 하기 때문에, 그러나 우리는 모든 운동하는 것의 단순한 장소 운동을 제외한, 그런데 단순한 장소 운동을 우리는 맨 처음의 운동하지 않는 실체가 운동하는 것이라고 말하는데, 다른 장소 운동들은 행성들의 영원한 장소 운동들로 보기 때문에(왜냐하면 원 운동을 하는 물체는 영원하며 정지하지 않기 때문이다. 그리고 이것들에 관해서는 자연철학에서[93] 증명했다), 이러한 장소 운동들 각각은 자체로 운동하지 않는 영원한 실체에 의해서 필연적으로 운동된다. 왜냐하면 별들τὰ ἄστρα의 본성은 영원한 어떤 실체이며, 운동하는 것은 영원하며 운동되는 것보다 앞서는 것이고, 실체보다 앞선 것은 실체여야만 하기 때문이다. 그러므로 별들의 장소 운동만큼 많은 실체들이 있으며 그 본성은 영원하고 스스로 운동할 수 없는 것들이어야만 한다는 것, 그리고 보다 앞에서 언급된[94] 이유로 말미암아 크기가 없는ἄνευ μεγέθους 것이어야만 한다는 것은 분명하다.—그러므로 실체들이 있다는 것과, 별들의 장소 운동들에서 같은 순서에 따라 실체들 중 어떤 것은 맨 처음의 것이며 다른 것은 두 번째 것이라는 것이 분명하다. 그렇지만 장소 운동을 하는 것들의 많은 수는 수학적인 학문들 중 철학에 가장 가까운 것, 즉 천문학으로부터 탐구해야만 한다. 왜냐하면 천문학은 한편으로는 감각적으로 지각할 수 있는 실체에 관하여 다른 한편으로는 영원한 실체에 관하여 고찰하지만, 다른 수학적 학문들, 예를 들면 수들에 관한 혹은 기하학에 관한 학문은 실체들에 관해서 고찰하지 않기 때문이다. 그러므로 장소 운동들이 장소에서 운동되는 것들보다 더 많다는 것은 알맞게 이것들에 몰두한 자들에게서 분명해진다(왜냐하면 운행되는 별들의 각각은 한 개 이상의 장소 운동을 하기 때문이다). 그러나 장소 운동을 하는 것들이 얼마나 많은지를 찾기 위해서, 지금 우리는 수학자들 중 어떤 자들이 이해를 위해서 언급한 것들을, 즉 규정된 수를 사유를 통해서 어떤 방식으로 받아들이는지를 언급한다. 그러나 그 밖에 한편으로는 장소 운동들을 우리가 스스로 탐구해야 하며 다른 한편으로는 그것을 탐구한 자들에게 물어봐야만 한다. 만일 이러한 것들에 몰두하는 자들에게서 지금 언급된 것들과 반대되는 어떤 것이 드러난다면, 우리는 두 견해를 지지하지만, 보다 더 엄밀한 견해를 따를 것이다.—그러므로 에우독소스[95]는 해와 달 각각의 장소 운동이 세 개의 구에서 이루어진다고 생각했다. 이 세 개의 구 중 첫째 구는 고정된 별들의 구이며, 둘째 구는 황도대의 가운데로 기울어진 것에 따라 운동하며, 셋째 구는 황도대의 판에서 기울어진 것에 따라 운동한다(그러나 달이 장소 운동을 하는 구는 해가 장소 운동을 하는 구보다 더 큰 넓이로 기울어졌다). 그러나 운행되는 별들의 장소 운동은 각각 네 개의 구에서 운동한다. 그리고 이 네 개 중 첫째와 둘째는 해와 달의 첫째, 둘째 구와 같은 장소 운동이다(왜냐하면 고정된 별들의 구는 모두 장소 운동을 하는 것이며, 이러한 구 아래에 배열된 구와 황도대의 가운데로 기울어진 것에 따라 장소 운동을 하는 구는 모든 구들의 공통이기 때문이다). 그러나 모든 행성들의 세 번째 축들은 황도대의 가운데에서 있으며, 네 번째 구는 세 번째 구의 가운데로 기울어진 것에 따른 장소 운동이다. 다른 행성들의 세 번째 구의 축들은 개별적인 것들이지만, 금성과 수성의 축은 같은 것이다. 칼리포스는 구들의 위치를 에우독소스와 같게 세웠다(이러한 것은 사이 공간들의 배열이다). 그리고 그는 목성과 토성의 수에 에우독소스와 같은 수를 부여했다. 그러나 만일 누군가가 현상들을 설명하고 싶어 한다면, 그는 해와 달에 그 밖에 두 개의 구를 더해야 하지만, 남은 행성들에는 행성들 각각에 한 개의 구를 더해야 한다고 여겼다. 그러나 만일 함께 세워진 모든 구들로 현상들을 설명하려고 한다면, 행성들 각각에서 반대로 작용하는, 지금까지 것들보다 한 개가 더 적은 다른 구들이 있다는 것이 필요하며 항상 아래에 배열되는 별의 맨 처음의 구를 같은 위치로 되돌려놓는 것이 필요하다. 왜냐하면 단지 이와 같은 방식에서 행성들의 장소 운동이 모든 현상들을 설명할 수 있기 때문이다. 사실 별들의 장소 운동이 이루어지는 구들에서 어떤 별의 구들은 8개이며 어떤 별의 구들은 25개이지만, 이것들 중 가장 아래에 배열된 별이 운동하는 구들은 반대로 돌아야 할 필요가 없기 때문에, 앞의 두 개의 구에 반대로 도는 구들이 6개일 것이며, 나중의 네 개의 구와 반대로 도는 구들이 16개일 것이다. 그러므로 모든 장소 운동을 하는 구들과 이것들에 반대로 도는 구들의 수는 55개다. 그러나 만일 우리가 운동들로 언급한 것들을 해와 달에 더하려고 하지 않는다면, 모든 구들은 47개일 것이다.—그러므로 구들의 수는 이만큼이라고 하자. 따라서 운동하지 않는 〔그리고 지각할 수 있는〕 실체들과 원리들이 이만큼이라고 받아들이는 것은 합당하다(왜냐하면 필연적인 것을 언급하는 것은 보다 더 강한 자들에게 남겨져야 하기 때문이다). 그러나 만일 별의 장소 운동으로 향하지 않는 장소 운동은 있을 수 없으며, 더 나아가 경향성을 띠지 않으며 스스로 좋은 것과 마주쳤었던 모든 자연과 모든 실체를 목적이라고 여겨야만 한다면, 이런 것들 외에 다른 자연이 있을 수 없고, 오히려 이러한 것은 실체들의 수임에 틀림없다. 왜냐하면 만일 다른 자연들이 있다면, 이것들이 장소 운동의 목적으로서 운동할 것이기 때문이다. 그러나 언급된 것들 외에 다른 장소 운동들이 있다는 것은 불가능하다. 그러나 이러한 것은 장소 운동되는 것들로부터 파악하는 것이 적합하다. 왜냐하면 만일 모든 장소 운동이 본성적으로 장소 운동되는 것 때문에 있으며 모든 장소 운동은 장소 운동되는 어떤 것에 속한다면, 어떤 장소 운동도 자신 혹은 다른 장소 운동을 위해서 있지 않고, 오히려 별들을 위해서 있을 것이기 때문이다. 그러나 만일 장소 운동이 장소 운동을 위해서 있다면, 앞의 장소 운동은 이것과는 다른 장소 운동을 위해서 있음이 분명할 것이다. 따라서 이러한 과정을 무한히 계속할 수는 없기 때문에, 모든 장소 운동의 목적은 천체에서 장소 운동을 하는 신적인 물체들의 어떤 것일 것이다. 그러나 천체가 하나라는 것은 자명하다. 왜냐하면 만일 인간들처럼 천체들도 그 수가 많다면, 각각의 천체들에 관계하는 원리는 형상에서εἴδει 하나일 것이지만, 수에서ἀριθμῷ 많은 것들일 것이기 때문이다. 그러나 수에서 많은 것들은 질료와 관계한다(왜냐하면 많은 사물들의 개념은, 예를 들면 인간의 개념은 하나이며 같은 것이지만, 소크라테스는 한 명이기 때문이다). 그러나 맨 처음의 것으로서 무엇임τὸ τί ἦν εἶναι은 질료와 관계하지 않는다. 왜냐하면 이것은 완성태이기 때문이다. 그러므로 하나ἕν는 맨 처음에 운동하면서 운동할 수 없는 것이다 τὸ πρῶτον κινοῦν ἀκίνητον ὄν. 또한 그러므로 하나는 항상 연속적으로 운동되는 것이다. 나아가 천체는 하나일 뿐이다. 그러나 조상들과 나이 든 자들로부터 신화의 형식으로 남겨진 것들, 즉 천체들이 신들이며 신적인 것은 자연 전체를 포괄한다는 것이 후세들에게 전해졌다. 그러나 나머지 것들은 신화적으로 이미 많은 사람들의 확신에 이르렀으며 그것들의 법칙들과 이로움을 필요로 하기에 이르렀다. 왜냐하면 이들은 신들을 인간 형상들로 그리고 다른 동물들과 같은 것으로, 그리고 다른 것들을 이것들에 뒤따르는 것들로 그리고 언급된 것들과 닮은 것들로 언급하기 때문이다. 만일 누군가가 이것들로부터 분리하여 맨 처음의 것 자체만을, 즉 신들이 맨 처음의 실체들이라는 것을 받아들인다면, 맨 처음의 것을 신적으로 언급한 것으로 간주할 수 있을 것이다. 그리고 실제로 각각의 기술과 철학이 가능한 한 그렇게 자주 발견되었고 다시 사라졌기 때문에, 저들의 이러한 견해들이 예를 들면 남겨진 것들이 오늘날까지 내려오고 있다. 그러므로 아버지의 견해와 저 멀리 초기 조상들로부터의 견해가 우리에게 아주 분명하다.

9. 정신—신에 관하여

그러나 정신ὁ νοῦς에 관한 것들은 어떤 어려운 문제들과 관계한다. 왜냐하면 정신은 나타난 것들 중 가장 신적인 것으로 여겨지지만, 이러한 종류가 관계하는 것이 어떻게 정신일 수 있는지 하는 어려운 문제가 관련돼 있기 때문이다. 즉 만일 정신이 귀중함이 무엇인지를 생각하지 않는다면, 정신은 마치 자고 있는 자처럼 관계한다. 만일 정신이 생각은 하지만, 다른 것이 정신을 지배한다면, 정신의 실체인 이것은 사유νόησις가 아니라 오히려 가능태이기 때문에, 최고의 실체는 아닐 것이다. 왜냐하면 사유함을 통해서 가치 판단이 정신에서 일어나기 때문이다. 그러나 더 나아가 정신의 실체가 정신인지 혹은 사유인지, 무엇이 생각하는가? 왜냐하면 정신은 자신을 다른 어떤 것으로 생각하기 때문이다. 그리고 만일 정신이 다른 어떤 것을 생각한다면, 항상 같은 것이거나 다른 것을 생각한다. 그러므로 정신이 아름다운 것 혹은 임의적인 것을 사유함은 어떤 것을 구별하는 것인가 혹은 아무것도 구별하지 못한 것인가? 혹은 또한 정신이 몇몇 것들에 관해서 사유됨은 적합하지 않은가? 그러므로 정신은 가장 신적인 것과 가장 가치 있는 것을 사유하며 변화하지 않는다는 것이 분명하다. 왜냐하면 변화는 나쁜 것으로 진행이며, 어떤 것은 이미 이러한 것으로서 운동이기 때문이다. 그러므로 우선 만일 정신이 사유가 아니라 오히려 가능태라면, 정신에서 사유가 연속한다는 것은 피곤한 일이라는 것이 당연하다. 다음으로 다른 어떤 것이 정신보다 더 가치 있는 것, 즉 사유되는 것νοούμενον일 것임이 분명하다. 왜냐하면 가장 나쁜 것τὸ χείριστον을 사유하는 자에게서 사유함과 사유는 일어날 것이기 때문이다. 따라서 만일 이러한 것을 피할 수 있다면(왜냐하면 몇몇은 보이지 않는 것이 보이는 것보다 더 좋은 것κρεῖττον이기 때문에), 사유가 가장 좋은 것τὸ ἄριςτον은 아닐 것이다. 그러므로 만일 정신이 가장 좋은 것이라면, 정신은 자신을 사유하며, 정신의 사유는 사유의 사유다. 그러나 학문ἡ ἐπιστήμη과 감각적 지각ἡ αἴσθησις과 견해ἡ δόξα와 사유한 것ἡ διάνοια은 항상 다른 것으로부터 있는 것으로 보이지만, 부수적으로는 자신에서 있는 것으로 보인다. 나아가 만일 사유함과 사유됨이 다른 것이라면, 둘 중 어떤 것에 따라 좋음τὸ εὖ은 정신에서 실제로 있는가? 왜냐하면 사유에서 있음과 사유되는 것에서 있음이 같은 것이 아니기 때
1075a 문이다. 혹은 몇몇들에서 학문이 사물인데, 만드는 학문들에서는 질료 없이 실체와 무엇임이 있지만, 이론 학문들에서는 개념과 사유가 사물인가? 사실 질료를 갖지 않는 한에서, 사유되는 것과 정신이 다른 것이 아니라면, 이것들은 같은 것이며, 사유는 사유되는 것에서 하나다. 그러므로 나아가 만일 사유되는 것이 함께 있는지 하는 어려운 문제가 남는다. 왜냐하면 만일 사유되는 것들이 함께 있다면, 사유되는 것이 전체의 부분들에서 변화할 것이기 때문이다. 혹은 질료를 갖지 않은 모든 것은 분리할 수 없는 것인가,—마치 인간의 정신이 혹은 함께 있는 것들의 정신이 어떤 시간에서 관계하는 것처럼(왜냐하면 정신이 여기 이 시간에서 혹은 저기 저 시간에서 좋음과 관계하는 것이 아니라, 오히려 전체에서 다른 어떤 것으로서 가장 좋은 것과 관계하기 때문에)—그러나 이와 같은 방식에서 사유 자신이 자신으로부터 모든 영원한 것과 관계하는가?

10. 원리로서 선

그러나 또한 전체의 본성φύσις이 착함τὸ ἀγαθὸν과 가장 좋은 것에 어떤 방식으로 관계하는지, 즉 분리된 것과 그것 자체와의 방식으로 관계하는지 혹은 질서 지어짐처럼 관계하는지를 탐구해야만 한다. 혹은 군대처럼 두 가지 방식으로 관계하는가? 왜냐하면 통솔자는 질서에서 좋음과 관계하는데, 통솔자가 더욱더 그렇기 때문이다. 왜냐하면 통솔자가 질서에 의해서 있는 것이 아니라 질서가 통솔자에 의해서 있기 때문이다. 그러나 어떤 방식에서 모든 것들, 즉 물고기들과 새들 그리고 식물들은 함께 질서 지어졌지만, 같은 방식에서는 아니다. 그리고 한쪽이 다른 한쪽과 관계하지 않는 것처럼 사물들이 관계하지 않고, 오히려 이것들도 연결되어 있다. 왜냐하면 사실상 모든 것들은 하나와의 관계에서 함께 질서 지어져 있기 때문이다. 그러나 집에서처럼 만든 것이 우연적으로 일어나는 경우는 자유로운 자들에게서는 거의 허용되지 않고, 오히려 모든 것 혹은 거의 대부분이 질서 지어져 있다. 그러나 포로들과 짐승들에서는 공동으로 질서 지어진 것이 적지만, 우연히 일어난 일은 많다. 왜냐하면 이들 각각의 본성ἡ φύσις은 이러한 종류의 원리이기 때문이다. 그러나 나는 예를 들면 모든 것은 분리되어 나오기 전의 것으로 되돌아가야 한다고 생각하며, 이와 같은 방식에서 모든 것을 전체로 통일시키는 다른 것이 있다고 생각한다.— 그러나 이와는 다르게 말하는 자들에게서 불가능한 것들 혹은 부적합한 것들이 얼마나 많이 일어나는지, 그리고 아주 적절하게 말한 자들이 어떤 종류들을 말하는지, 그리고 아주 적은 어려운 문제들이 무슨 종류에서 일어나는지를 잊어서는 안 된다. 왜냐하면 모두가 모든 것을 대립적인 것들로부터 다루기 때문이다. 그러나 모든 것들이 대립적인 것들이라는 것도, 대립적인 것들로부터 생겨난 것이라는 것도 옳지 않으며, 또한 대립적인 것들이 얼마나 많은 것들에서 실세로 있는지, 어떻게 대립적인 것들로부터 생겨나는지를 그들은 말하지 않는다. 왜냐하면 대립하는 것들은 서로에 의해서 자극되지 않기 때문이다. 그러나 우리는 이러한 문제를 제3의 어떤 것에서 알맞게 푼다. 그러나 비슷하지 않은 것을 비슷한 것에서[96] 혹은 많은 것을 하나에서[97] 다루는 자들처럼, 이들은 대립하는 양자들 중 한 개를 다른 한 개를 위한 질료로 다룬다. 그러나 이러한 문제 또한 같은 방법으로 풀어진다. 왜냐하면 우리에게 질료는 어떤 것에서도 대립하는 것이 아니기 때문이다. 나아가 하나를 제외한 모든 것은 나쁜 것에τοῦ παύλου 참여할 것이다. 왜냐하면 나쁜 것 자체τὸ κακὸν αὐτὸ는 대립하는 기초 요소들 중의 다른 한 개이기 때문이다. 그러나 다른 자들은[98] 착함과 나쁜 것을 원리들로 다루지 않았다. 그렇지만 모든 것에서 특히 착함은 원리이다. 그러나 이들이 착함을 원리로 다룬 것은 옳았지만, 이들은 착함이 어떻게 원리인지를, 즉 목적으로서인지 혹은 운동으로 1075b 서인지 혹은 형상으로서ὡς εἶδος인지를 말하지 않았다. 엠페도클레스 또한 적절하지 않다.[99] 왜냐하면 그는 좋아함τὴν φιλίαν을 착함으로 다루며, 또한 운동하는 것으로서(왜냐하면 좋아함이 함께 이끌기 때문에) 그리고 질료로서 원리라고 다루기 때문이다. 왜냐하면 좋아함은 혼합의 부분이기 때문이다. 비록 같은 사물에서 질료로서 그리고 운동하는 것으로서 원리임이 일어났을지라도, 이것들의 있음은 같은 것이 아니다. 그러므로 좋아함은 둘 중 어느 것에서 원리인가? 그러나 싸움이 사라지지 않는 것이라는 것 또한 적절하지 않다. 그러나 싸움은 자신에서 나쁨의 본성이다. 그러나 아낙사고라스는 선을 운동하는 것으로서 원리라고 보았다. 왜냐하면 정신이 운동하기 때문이다. 그러나 정신은 어떤 것을 위해서 운동한다. 따라서 우리가 언급한 것을 제외한, 어떤 것을 위해서는 정신 이외의 다른 것이다. 왜냐하면 치료는 어떤 방법에서 건강이기 때문이다. 그러나 대립하는 것이 착함과 정신에서 만들어지지 않는다는 것은 또한 적절하지 않다. 만일 대립하는 것들이 조화를 이루지 않는다면, 대립하는 것들을 언급하는 모든 사람들은 대립하는 것들을 다루지 않는다. 그리고 무엇 때문에 한편에서는 사라지는 것들이 한편에서는 사라지지 않는 것들인지를 아무도 말하지 않는다. 왜냐하면 그들은 모든 있는 것들을 같은 원리들로부터 만들기 때문이다. 나아가 한 부류는[100] 있는 것들을 있지 않은 것으로부터 만든다. 그러나 다른 부류는[101] 이러한 것을 필연적인 것으로 하지 않기 위해서 모든 것을 하나로 다룬다.—나아가 무엇 때문에 생겨남이 항상 있을 것이며 무엇이 생겨남의 원인인지를 아무도 말하지 않는다. 그리고 두 개의 원리를 다룬 자들에게는 더 중요한 다른 원리가 필연적으로 있어야만 한다. 또한 이데아들을 다룬 자들에게는 더 중요한 다른 원리가 있어야만 한다. 도대체 무엇 때문에 참여했거나 혹은 참여하는가? 그리고 다른 자들에게는 지혜에서 그리고 가치 있는 학문에서 대립하는 어떤 것이 필연적으로 있어야만 하지만, 우리에게는 그렇지 않다. 왜냐하면 대립하는 것은 맨 처음의 것에서는 결코 있지 않기 때문이다. 즉 모든 대립하는 것들은 질료와 관계하며, 이것들은 가능태에서 있기 때문이다. 그러나 앎의 대립자로서 알지 못함은 대립하는 것으로 나가지만, 맨 처음의 것에 대립하는 것은 없다. 나아가 만일 감각적인 것들 외에 다른 것들이 있지 않다면, 원리, 질서, 생겨남 그리고 천체들은 있지 않을 것이며, 오히려 모든 신학자들과 자연철학자들에게서처럼, 항상 원리의 원리만이 있을 것이다. 그러나 만일 감각적인 것들 없이 형상들 혹은 수들만 있다면, 이것들은 어떤 것의 원인도 아닐 것이다. 그러나 만일 형상들 혹은 수들이 있지 않을 것이라면, 결코 운동의 원인은 없을 것이다. 나아가 어떻게 크기와 연속하는 것이 크기가 없는 것들로부터 생겨날까? 왜냐하면 수는 운동하는 것으로서도 형상으로서도 연속하는 것을 다루지 않을 것이기 때문이다. 그렇지만 작용할 수 있는 것과 운동할 수 있는 것은 어떤 것이든 대립하는 것들의 어떤 것이 아닐 것이다. 왜냐하면 그러한 것일 수 없을 것이기 때문이다. 그러나 분명히 작용함τὸ ποιεῖν은 가능태보다 더 나중이다. 그러므로 있는 것들은 영원한 것들이 아닐 것이다. 그러나 영원한 것이 있다. 그러므로 이러한 주장들 중 어떤 것은 폐기되어야만 한다. 그리고 이러한 것을 어떻게 해야 하는지는 이미 언급되었다.[102] 나아가 무엇에서 수들이 하나인지 혹은 영혼과 육체와 단순히 형상과 사태가 하나인지를 아무도 말하지 않는다. 만일 우리처럼, 즉 운동하는 것이 작용한다고 말하지 않으면, 아무도 답할 수 없다. 그러나 수학적인 수가 맨 처음의 것이라고 여기고 같은 방식에서 항상 실체를 다른 것과 관계시키고 각각의 원리들은 서로 다른 것들이라고 말하는 자들은[103] 에피소드를[104] 모든 것의 실체로 다루며(왜냐하면 있든지 있지 않든지 어떤 실체는 다른 실체에서 영향 받지 않기 때문에), 많은 원리들을 다룬다. 그러나 있는 것들은 나쁘게 지배되기를 원하지 않는다. "많은 지배자가 있다는 것은 선ἀγαθόν이 아니다. 한 명의 지배자가 있을 것이다."[105]

해제

‘있는 것’의 실체에 관한 탐구

1. 아리스토텔레스의 삶[106]과 사상

(1) 생애

아리스토텔레스는 칼키디키의 동쪽 연안(오늘날 그리스 북부 에게해 연안)에 있는 스타기로스라는 작은 마을에서 기원전 384년 말에 태어났다. 당시 이곳은 마케도니아에 속해 있었다. 그의 부모는 모두 의사 집안 출신이었으며, 그의 아버지 니코마코스는 마케도니아의 왕 아민타스 3세(알렉산드로스 대왕의 할아버지)를 돌보는 궁중 의사였다. 아리스토텔레스는 어렸을 때 부모를 여의어, 17세 때 아테네로 떠나기 전까지 아타르네오스에서 숙부의 보호를 받으며 성장했다. 이 시절의 아리스토텔레스에 관해서는 전해지는 기록이 없다. 다만 추측되는 것은 그가 이름 있는 부유한 의사 집안에서 기초 교육을 받았고 지적인 환경에서 양육되어 당대의 학술적 문헌에 정통했다는 것, 그리고 플라톤의 저술들을 읽고 많은 자극을 받았다는 것이다. 그러므로 그가 17세 되던 해인 기원전 367년에 아테네에 가서 플라톤의 아카데미에 등록한 것은 어쩌면 당연한 일이었을 것이다. 이 시절에 아테네에는 많은 학원들이 있었다. 대개 짧은 기간에 유능한 시민과 정치가를 육성하는 것이 학원들의 교육 목표였다. 대표적인 곳이 이소크라테스 학원이다. 이와 달리 아카데미는 학술적인 사유를 위한 엄격한 가르침을 특징으로 했다. 아카데미에서는 처음 10년 동안은 산술, 기하학, 측정술, 천문학, 음악(화음)을 배우고, 이 과정이 끝나면 5년에 걸쳐 진행되는 토론술 과정으로 넘어갔다.

아리스토텔레스가 아테네로 온 해(기원전 367)에 플라톤은 디오니시오스 1세의 죽음을 추모하기 위해 시라쿠사로 떠났다. 그래서 플라톤의 아카데미에서는 아직 30세가 채 안 된 에우독소스가 연구를 이끌고 있었다. 그는 나이는 젊었지만, 그 아카데미에 오기 전에 쿠치코스에서 학원을 운영했을 만큼 여러 방면으로 박식했으며, 특히 수학에서 많은 업적을 남겼다. 플라톤은 2년 후(기원전 365)에 시라쿠사에서 아테네로 돌아왔다. 시라쿠사에 머물 때 플라톤이 만난 많은 학자들과 사상가들 중 몇몇이 플라톤과 함께 아테네로 왔는데, 그중 가장 의미 있는 사람은 의사인 필리스티온이다. 그는 기본 성질을 네 개의 요소로 배열하는 이론으로 아리스토텔레스에게 자극을 주었다고 한다. 이처럼 아카데미에서는 많은 박식한 사람들이 동등한 위치에서 함께 여러 문제를 논하고 서로에게 자극을 주며 영향을 끼쳤다. 이 시기에 이러한 분위기의 아카데미에 몸담고 있었다는 것은 아리스토텔레스 같은 매우 지적인 젊은이에게는 대단한 행운이었다.

플라톤은 어린 아리스토텔레스가 지닌 특별한 재능을 일찍이 알아보았다고 한다. 플라톤은 기원전 427년에 태어났기 때문에 두 사람의 나이 차는 무려 43년이나 되었다. 두 사람이 처음 만난 것은 플라톤이 은퇴 연금을 받을 즈음으로, 아리스토텔레스가 아직 약관에도 이르지 않은 때였다. 일화에 따르면 아리스토텔레스는 명석하고 매우 믿음직스러운 학생이었다. 또한 그는 낭독자αναγνωστής였는데, 아카데미에서 낭독자는 강의를 돕는 자를 가리켰다. 아리스토텔레스는 매우 지적이고 논쟁적이었으며, 그의 논쟁은 대단히 공격적이어서 다른 동료들이 그를 싫어했다고 한다. 그리고 플라톤은 다른 사상가들의 사상을 낮게 평가했지만, 아리스토텔레스는 그들의 사상을 존중해 그들과 긴장감 넘치는 관계를 유지했다고 한다.

아리스토텔레스는 20년 동안 아테네에 머물렀는데, 정치에는 관여하지 않고 오직 연구와 강의에만 전념했다. 그는 아카데미 학원 시절, 특히 기원전 355~347년 사이에 중요한 저술들을 쓰기 시작했다. 처음에 그는 논리학에 관한 글들과 플라톤 영향권의 단편들을 썼다. 그다음에는 플라톤을 넘어서는 자연학과 철학에 대한 작업이 시작되었다. 그러나 그의 나이로 보나 연구 활동으로 보나 인생의 황금기였던 이 평화로운 시간은 잠시 중단될 상황에 처하게 된다. 마케도니아의 필리포스 2세는 기원전 357년에 암피폴리스를 점령했고, 기원전 349년에는 아테네가 지지하고 있던 올린토스를 점령했다. 이로 인해 아테네와 마케도니아 사이의 긴장이 고조되었다. 마케도니아 출신이며 마케도니아 왕가와 친한 사람으로서 아테네에 머물고 있던 아리스토텔레스에게는 이러한 정치적 긴장이 남의 일이 아니었다. 이러한 정치적 상황 속에서 급기야 스승인 플라톤이 기원전 347년 늦봄에 80세의 나이로 세상을 떠났다. 플라톤이 죽자 아리스토텔레스는 아테네를 떠났는데, 그 주된 이유는 그의 생명을 위협하는 아테네의 정치 상황이었다.

아소스의 권력자 헤르메이아스의 초대를 받아 아소스로 간 아리스토텔레스는 2년 동안 그곳에 머무르며 이데아론을 비롯한 문제들에 관해 아카데미에서 끊임없이 토론했다. 이후 그는 레스보스섬의 미틸레네로 이주했고, 거기서 학문 연구의 평생 동반자가 될 테오프라스토스[107]를 만났다. 이 시기에 그는 생물학 연구에 몰두했다. 생물학에 관한 저술은 대부분 이 시기에 쓰였거나 시작되었다. 기원전 343/342년에 아리스토텔레스는 13세 된 알렉산드로스의 교육을 맡아 달라는 필리포스 2세의 초대를 받았다. 그러나 사실 이 시절에 아리스토텔레스가 그렇게 유명했던 것은 아니고, 그와 마케도니아 왕가와의 관계 및 헤르메이아스와의 친밀한 교제가 그를 초빙한 동기가 되었다고 한다. 필리포스 2세의 사망 후 아리스토텔레스가 알렉산드로스에게 한 충고가 에라토스테네스를 통해서 다음과 같이 전해온다. "친구들과 친족들을 돌보듯이 그리스인들을 돌보고, 이성이 없는 창조물들에게 먹이와 음식물을 주듯이 이방인들을 돌봄으로써, 그리스인들의 지도자로서, 이방인들의 주인으로서 그들을 대하시오."

알렉산드로스가 왕위에 오르고(기원전 336) 그에 의해 테베가 몰락한(기원전 335) 후에 아리스토텔레스는 다시 아테네로 돌아왔다. 그러나 이때 아리스토텔레스가 유명한 철학자로 숭상받았다는 것은 역사적 사실과 맞지 않다. 그는 아테네에 모여 있는 많은 낯선 학자들과 선생들 중의 한 명일 뿐이었다. 그는 다시 테오프라스토스와 함께 연구를 했고, 이 시기에 리케이온에서 강의를 했다. 이 시기의 그의 저술들은 깊이와 완숙미가 넘친다고 평가받는다. 이 시기에 그는 주로 실천 학문인 윤리학과 정치학에 대해 집필했으며, 특히 이론 학문에 있어서는 플라톤에게서 완전히 벗어나 자기 철학을 기술했다. 이때 쓰인 것이《형이상학》Γ·Ε·Ζ·Η·Θ편이다. 또한 그는 추상성에서 탈피해 자신의 이론을 구체화하려고 노력했다.

기원전 334년 이후 마케도니아의 수비대는 아테네에서 정치적 평온을 유지했으나, 침묵 속에서 아테네인들의 마케도니아에 대한 증오가 들끓고 있었다. 기원전 323년에 알렉산드로스의 사망 소식이 전해지자 아테네에서는 마케도니아에 대한 반란의 목소리가 터져 나왔다. 또다시 아리스토텔레스는 생명의 위협을 느꼈다. 그는 안티파트로스에게 보낸 편지에서 아테네의 밀고자 단체들에 관해 언급하며 아테네에서 낯선 사람으로서 조용히 일할 수 없음을 알린다. 기원전 323년 말쯤에 그는 아테네를 떠나 어머니의 고향인 에우보이아섬의 칼키스로 갔으며, 63세이던 기원전 322년 10월에 그곳에서 병으로 생을 마감했다.

(2) 학문—형이상학, 윤리학, 자연학, 논리학, 정치학, 시학

아리스토텔레스의 형이상학은 그가 《형이상학》 A · B · Γ · M · N편에서 고찰했듯이 앞 철학자들의 문제를 발전적으로 풀고 있다. 문제의 시작점은 스승인 플라톤의 이데아 이론이다. 추상화된 이데아 세계만이 참된 세계이며 우리의 세계는 거짓된 세계라는 것이 아리스토텔레스가 보기에는 맞지 않았다. 또 다른 문제는 둘로 분리된 세계의 관계성에 관한 것이다. 그는 단순히 한 세계가 다른 세계에 참여하는 것으로 관계를 설명하는 것에 대하여 어떻게 참여가 이루어지는지에 대한 설명이 필요하다고 보았다.

아리스토텔레스는 플라톤의 이런 문제들을 해결하기 위

해 자연철학자들을 탐구했다. 그리고 이들로부터 '감각적 대상들에서 변하지 않는 것'들을 수용하여 질료라고 칭했다. 또 원자론자들로부터 운동을 받아들였다. 또한 플라톤의 '이데아'를 '형상'으로 받아들임으로써 스승이 안고 있는 문제를 해결했다고 생각했다. 즉 아리스토텔레스는 감각적 대상들에서 변하지 않는 것에 형상이 운동자에 의해 결합된다고 보았다. 형상은 질료가 완성되어야 할 마지막 도달점이다. 즉 질료의 목적이다. 이러한 목적론은 그의 다른 학문들에서도 나타나는데, 윤리학에서 그는 모든 것은 각자가 도달해야 할 최고의 선을 향하고 있다고 보았다. 최고의 선에 도달하는 것은 사물들이 자신들의 특별한 본질을 실현하는 것이다. 그러므로 인간의 최고의 선은 인간을 인간으로 만드는 덕의 실현이다. 덕을 실현했을 때 인간은 행복εὐδαιμονία에 이른다. 그러나 쾌락은 행복에서 얻어지고 덧붙여지는 것으로서 덕스러운 행동에 따라오는 것이기에 최고선에 포함되지 않으며 최고선도 아니다.

이와 같이 아리스토텔레스의 철학은 목적 실현을 위한 구조로 짜이기 때문에 대개 목적론적으로 규정된다. 아리스토텔레스는 수학을 제외한 거의 모든 방면의 저술들을 남겼으며, 특히 자연과 관련된 분야에서 많은 저술을 했다. 물론 이러한 저술들은 중세 시대까지는 유용했지만, 근세 이후에는 별로 쓸모가 없는 것이 되어버렸다. 왜냐하면 아리스토텔레스의 자연학이 주로 인간의 감각 기관에 의존한 탐구였던 탓에, 정밀한 도구들이 만들어지면서 그의 연구는 틀린 것으로 판명되었기 때문이다. 또한 그는 형식 논리학을 완성시켰다. 그는 논리학을 학문 탐구를 위한 도구로 여겼다. 나중에 그의 논리학에 관한 저술들은 다른 모든 학문의 탐구를 위한 '기관'이라는 의미에서, 비잔틴 학자들에 의해 도입되어 '방법', '도구'를 의미하는 '오르가논Organon'이라는 단어를 제목으로 하여 묶이게 되었다. 《오르가논》은 《범주론》(실체와 9개의 틀 지음을 다룸), 《명제론》(문장과 판단에 대한 논의), 《분석론 전서》(추리에 관해 다룸), 《분석론 후서》(논증, 정의, 분류, 원리의 인식에 관해 다룸), 《변증론》(변증론적 추리에 관해 다룸), 《소피스트적 논박에 관하여》(오류 추리에 관해 다룸)로 이루어져 있다.[108] 정치학에서는 그는 인간을 사회적 동물로 규정하고 개인은 오직 사회와 국가에서 자신을 실현할 수 있다고 보았다. 그리고 그리스의 도시 국가들의 형태를 고찰해 좋은 국가 형태와 나쁜 국가 형태를 구분했다. 그리고 시학에서 그는 비극의 효용성이 울적한 기분을 발산시켜 정신을 안정시키는 카타르시스에 있다고 보았다.

(3) 저작과 저술 시기[109]

아리스토텔레스의 저술 활동은 세 시기로 구분된다. 첫째 시기는 17세의 어린 나이에 고향을 떠나 아테네에서 플라톤에게 배우며 강의하던 아카데미 시기(기원전 367~347), 둘째는 플라톤의 죽음 이후 마케도니아와 아테네 사이의 정치적 갈등으로 인한 신변의 위험 때문에 아테네를 떠나 유랑하던 시기(기원전 347~334), 셋째는 제자인 알렉산드로스 대왕이 아테네를 점령한 후 다시 아테네로 돌아온 때부터 생을 마감할 때까지의 시기(기원전 334~322)이다.

ㄱ. 아카데미 시기(기원전 367~347)

① 기원전 360년 전까지

《이데아에 관하여》, 《그릴로스》. 분류의 예비 작업과 유형에 관한 자료 수집. (이 시기에 플라톤은 《파이드로스》, 《티마이오스》, 《테아이테토스》, 《파르메니데스》를 남겼다.)

② 기원전 360~354년

《범주론》, 《명제론》, 《변증론》 II~VII · VIII · I · IX, 《분석론》, 《철학에 관한 대화록》, 《선에 관한 플라톤의 강의에 대한 보고》, 《형이상학》 Λ, 《시인에 관한 대화록》, 《호메로스의 문제들》, 《시학》 초안, 《수사학》 I~II(II 23~24는 제외), 《큰 도덕학》 초안.

이 시기에 아리스토텔레스는 열심히 연구하고 읽고 자료들을 모았으며, 플라톤이 다루는 거의 모든 영역에 관심을 가졌다. 그는 논쟁을 좋아했으며 이데아 이론에 대해 토론하고 비판적으로 고찰했다. 또한 토론술, 학문적 증명, 웅변술과 구술 표현, 비극의 기술과 과제에 관해 강의했다. 이 시기에 그는 자신의 철학적 세계관을 세웠으며, 플라톤의 견해들과 에우독소스의 견해들이 그 출발점이었다. (이 시기에 플라톤은《소피스테스》,《정치가》를 남겼다.)

③ 기원전 353년~플라톤의 죽음(기원전 347)

《자연학》 I · II · VII · III~VI, 《천체에 관하여》, 《생성과 소멸에 관하여》, 《기상학》 IV, 《형이상학》 M 9, 1086b 26~N, A, I, M 1~9, B, 《수사학》 I~II의 손질과 《수사학》 III, 《에우데모스 윤리학》, 《에우데모스》, 《프로트레프티코스》.

이 시기에 아리스토텔레스는 30세의 나이로 현학자의 지위를 얻었으며, 자연에 관한 독자적인 학문적 근거를 마련했다. 또한 제1철학, 즉 원리에 관한 학문에서 자신의 고유한 입장에 따라 플라톤, 스페우시포스, 크세노크라테스의 견해를 비판했고 윤리학의 기초를 세웠다. 그의 저작들은 이 시기부터 생동감과 자신감으로 가득 찼다. (이 시기에 플라톤은《필레보스》,《법률》을 남겼다.)

ㄴ. 여행의 시기(기원전 347~334)—아소스, 레스보스, 마케도니아

《자연 박물관》, 《동물학》, 《식물학》, 《동물의 역사》 I~VI · VIII, 《동물의 부분에 관하여》 II~IV, 《동물의 이동에 관하여》, 《동물과 해부학》, 《기상학》 I~III, 《작은 자연》에 대

한 첫 번째 구상, 《영혼에 관하여》에 대한 중요한 첫 번째 생물학적 초안, 《정치학》 I · VII~VIII.

이 시기에 아리스토텔레스는 새로운 환경에서 테오프라스토스와 함께 연구를 시작했다. 이들은 특별한 연구들에서, 풍문과 문헌에서 많은 자료들을 모았다. 그러나 자료 모음집과 이들이 기록해놓은 것들을 지금은 알 수 없다. 아리스토텔레스는 이 시기에 매우 열성적으로 경험적 관찰에 관심을 보였다. 그러나 그가 관찰하고 모은 모든 것들은 그에게 단지 목적을 위한 수단이었을 뿐이다. 그가 끊임없이 열망한 것은 자연의 생겨남을 이해하는 것이었다.

ㄷ. 제2의 아테네 시기(기원전 334~322)

《수사학》 I~II와 III을 완성, 《정치학》 II · V~VI · III~IV, 《올림픽과 푸티아 제전의 승자》와 《디오니소스 축제의 승자》에 관한 저작, 《제1철학》 Γ · E · Z · H · Θ, 《자연학》 VIII, 《동물의 부분에 관하여》 I(이전의 초안들로부터 모아놓은 것), 《동물의 생성에 관하여》, 《동물의 의지에 관하여》, 《작은 자연》 초고, 《영혼에 관하여》 초고, 《니코마코스 윤리학》, 시학인 《플라톤의 사유에 대한 슬픈 노래》와 《헤르미아스 조각상을 위한 짧은 시》와 《헤르미아스의 명예를 위한 진리의 찬미》.

이 시기 아리스토텔레스의 저작들은 문체와 글의 힘이 많이 달라졌다. 그는 여전히 토론하고 다른 사상가들의 견해를 비판했지만, 아카데미 시기처럼 극단적인 대결은 하지 않았다. 초기의 저작들이 주로 이론적인 영역에 속했다면 이 시기의 저작들은 실천의 영역으로 옮겨 온다. 이 시기에 그는 자신의 생각을 대상화했음에도 불구하고 플라톤보다 더 이론적이고 사변적이다. 또한 생물학, 동물학, 심리학에 관한 그의 저작들에서 자연철학적 안목이 드러난다.

2. 《형이상학》, 맨 처음의 원인과 원리에 대한 탐구

(1) 《형이상학》의 체계

형이상학이란 실체(본질)에 관한 학문이다. 실체에 관한 탐구는 크게 두 가지로 나누어진다. 하나는 앎(인식)의 본질에 관한 탐구이며, 다른 하나는 있는 것(존재)에 관한 탐구이다. 앞의 것은 플라톤에 의해서, 뒤의 것은 아리스토텔레스에 의해서 정립되었다고 할 수 있다. 아리스토텔레스의 《형이상학》은 다음과 같이 네 부분으로 나눌 수 있다.

첫째 부분은 Α~Γ편으로, 아리스토텔레스 앞의 철학자들에 대한 비판이다. 여기에서 아리스토텔레스는 자연철학자들, 엘레아학파, 피타고라스학파 그리고 플라톤 및 플라톤주의자들의 이론을 비판적으로 고찰한다. 그래서 이 부분을 가리켜 어떤 철학자는 최초의 철학사라고도 부른다. Α편에서는 원인과 원리에 관하여 앞 철학자들의 이론을 비판적으로 고찰하며, α편에서는 원인과 원리에 대한 자신의 견해를 보충하고, B편에서는 실체를 탐구할 때 일어나는 14개의 어려운 문제들을 밝힌다. 마지막으로 Γ편에서는 '있는 것'을 모순율과 상대론자들의 이론에서 고찰한다.

둘째 부분은 Δ편으로, 주요 용어들에 대한 해설-용어 사전이다. 여기서는 30개가 넘는 주요 용어들에 대해 설명한다. 그러나 이 설명은 일상적인 설명으로 여겨진다. 따라서 실제로 본문에서 쓰이는 의미를 충분하게 설명하지는 못한 것 같다.

셋째 부분은 E~Λ편으로, 실체에 대한 형이상학적 고찰이다. 여기서는 실체를 여러 방면에서 고찰한다. 먼저 E편에서는 '덧붙여진 것'과의 관계에서 '있는 것'이 실체임을 탐구한다. Z편에서는 실체의 개념을 정립하고 어떤 것들이 실체인지를 고찰한다. H편에서는 실체를 운동에서 살펴본다. 운동 개념을 통해 형이상학을 이해하는 것도 하나의 중요한 방법이다. Θ편에서는 실체를 가능태, 활동태, 완성태의 개념에서 탐구한다. I편에서는 종과 유 그리고 차이를 통해 실체를 '하나'와 '대립자'에서 고찰한다. K편에서는 앞의 A~E편까지의 내용과 《자연학》의 내용을 '형이상학적 실체'와 관련해서 정리한다. 마지막으로 Λ편은 가장 먼저 쓰인 것으로, 형이상학적 실체에 대한 전체적인 밑그림을 보여준다.

넷째 부분은 M·N편으로, 수학적 실체에 관한 탐구이다. 여기서는 피타고라스학파와 플라톤주의자들의 이데아론과 수 이론에서 말하는 '실체'에 관하여 비판적으로 고찰한다.

(2) 《형이상학》에 담긴 사상

"모든 인간은 본성상 알고 싶어 하는 속성을 지닌다"라는 말로 시작되는 아리스토텔레스의 '존재에 관한 형이상학'은 '실체(본질)가 무엇인가'를 탐구의 목적으로 삼는다. 먼저 아리스토텔레스 앞의 철학자들의 '실체'에 대해 간략하게 정리해보자.

앞선 철학자들의 '실체'에 대한 생각은 둘로 나눌 수 있다. 하나는 자연철학자들이 말하는 실체로, 물질적 성질을 지닌 원소들로서 규정된 실체다. 이들은 이러한 원소들이 자연에서 가장 단순하고 가장 기초가 되는 영원한 것들이라고 생각했다. 따라서 이들이 생각하는 실체는 개별적이었다. 이들 중 몇몇은 실체들을 작용시키는 운동의 원리를 끌어들였다. 이 원리는 수동적이어서 사실상 별 의미가 없는 것이다. 하지만 운동의 원리로써 실체들의 작용을 설명하려고 했다는 것은 매우 의미 있는 부분이다.

다른 하나는 비물질적인 것으로서 규정된 실체다. 즉 어떤 철학자들은 수와 이데아를 실체로 규정했다. 이들이 생각하는 실체는 보편적인 것으로, 운동하지 않는 비물질적인 것이었다. 특히 플라톤은 실체를 비물질적인 것으로 보았기 때문에 비물질적 성질과는 반대되는 성질을 지닌 감각적 대상을 실체에서 배제했다. 그리고 실체와 감각적 대상의 연관을 모방과 참여로 설명했다. 이 철학자들은 앞의 자연철학자들이 애써 만들어놓은 운동이라는 원인을 빼버렸다. 이들은 비록 운동을 없애버리긴 했지만, 이들이 실체의 성질을 보편성과 운동하지 않음 그리고 물질이 아닌 것으로 규정한 것은 중요한 성과물이다. 이러한 성과물이 철학을 사변적으로 만드는 계기가 된 것으로 보인다.

실체에 대한 이런 두 가지 상반된 견해 속에는 아리스토텔레스의 실체에 대한 견해가 배어 있다. 그가 실체에 대한 이 상반된 견해들을 어떻게 받아들여 자기화했는지 살펴보자.

ㄱ. 학문의 발생 과정과 지혜의 학문—제1학문

《형이상학》의 시작(A편 1~2장)에서 아리스토텔레스는 학문이 어떻게 생겨났는지, 학문들 중 최고의 학문은 무엇인지, 그런 학문이 탐구하는 대상은 무엇인지를 살핀다.

학문의 발생은 이러하다. 각각의 경험들은 우연적인 것이어서 하나의 경험은 하나의 사실만을 알려준다. 감각적인 앎은 어떤 것도 지혜라고 여겨지지 않지만, 감각적인 개별적인 것들에 대한 앎이 앎의 가장 기본이다. 왜냐하면 감각적 앎에 대한 경험들이 축적되면 보편적인 가설이 형성되기 때문이다. 이것은 같은 종에 관한 사실을 알려준다. 그리고 같은 종에 관한 사실이 기술이다. 따라서 기술을 가진 사람들은 같은 방식으로 알고 이해한다. 또한 이들은 원인과 원리를 아는 사람들이다. 그러므로 경험자들보다는 기술자들이 더 지혜로운 사람들이다. 가르칠 수 있다는 것은 아는 것과 알지 못하는 것을 구별 지어준다. 원인과 원리를 이해하고 있는 기술자는 경험자보다 훨씬 더 잘 가르칠 수 있다. 따라서 경험보다는 기술이 더 학문적이다.

지혜로운 사람은 모든 것을 이해한다. 그렇기 때문에, 모든 학문에 관해 더 엄밀하며 원리들을 더 잘 가르칠 수 있는 사람이 더 지혜로운 사람이다.

지혜로운 학문은 학문 자체, 앎 자체를 위한 학문이다. 따라서 이런 학문은 다른 목적 때문에 하는 학문보다 더 지혜로운 학문이다. 학문들 중 최고의 학문은 가장 엄밀한 학문이다. 그리고 이런 학문은 원리들 자체와 원인들 자체, 맨 처음의 원리들과 원인들을 알고 이해하는 학문이다. 왜냐하면 맨 처음의 원인으로부터 다른 것들을 알게 되기 때문이다. 최고의 학문은 자신을 위한 학문이다. 그리고 이런 학문은 신의 영역이다. 가장 신적인 학문이 가장 가치 있는 학문이며 유일한 학문이다. 그러므로 신은 모든 것들의 원인이며 원리이다.

ㄴ. 실체

이처럼 최고의 학문은 맨 처음의 원리와 원인에 관한 학문이다. 그렇다면 맨 처음의 원리와 원인을 탐구함에서 먼저 실체가 무엇인지를 고찰해야 한다. 왜냐하면 원인과 원리에 의해서 '있는 것'들(개별자들, 사물들)이 생겨나는데, 있는 것들은 생겨나고 사라지고 다양한 것들이어서 이것들로부터는 원인과 원리를 탐구할 수 없으며, 단지 변화하지도 사라지지도 않는 것으로부터 원인과 원리를 탐구할 수 있기 때문이다. 그리고 원인과 원리가 실체이기 때문이다.

맨 처음의 원리와 원인은 있는 것의 실체(본질)다. 우리는 실체를 직접적으로 알 수 없으며, 다만 틀(범주 : 무엇-실체, 양, 질, 장소, 관계, 시간, 상태, 위치, 능동, 수동) 지어질 때 비유적으로만 알 수 있다. 그렇기 때문에 있는 것은 여러 가지로 일컬어진다. 여기 이것이 여러 가지로 일컬어진다면 헤라클레이토스가 말한 것처럼 어떻게 여기 이것을 알 수 있겠는가? 여기 이것이 여러 가지로 일컬어지더라도 여기 이것임을 알려주는 무엇임이 없다면 여기 이것은 항상 다른 것이 될 것이다. 그러면 학문은 있을 수 없다. 여러 가지로 일컬어지더라도 항상 여기 이것임을 알려주는 것, 이것이 실체다. 이러한 실체는 네 가지가 있다. 무엇임, 보편적인 것, 유, 그리고 밑바탕이다.

그런데 이것들 중 있는 것들을 있게 해준 맨 처음의 것, 이러한 실체는 밑바탕으로서의 실체다. 그렇기 때문에 밑바탕은, 자신에 의해서 다른 것들이 언급되지만 자신은 다른 것들에 의해서 언급되지 않는 것, 즉 개별자들 안에서 개별자를 실제로 있게 하는 원인이 되는 것이다. 목적과의 관계에서 맨 처음의 것(질료) 혹은 맨 나중의 것(형상)이다. 그러므로 밑바탕으로서의 실체에는 질료로서 그리고 감각적 대상들의 형상·형태로서의 실체, 기초 요소로서의 실체, 질료와 형상의 결합으로 만들어진 것으로서의 실체가 있다.

질료와 형상의 결합체는 생겨난 것이다. 이것을 개별자라고 부른다. 개별자는 종에서 질료가 같고 유에서 형상이 같은 것이다. 그렇지만 개별자는 보편자가 아니다. 무엇 때문인가? 무엇이 개별자를 보편자가 아닌 개별자로 만들어주는 것일까? 개별자를 개별자이게 해주는 것, 이것이 무엇임 τὸ τί ἦν εἶναι이다. 그러므로 무엇임은 개별자에서 자체라고 언급되는 것이다. 개별자 자체란 무엇임의 개념이다. 그러나 개별자들은 자체로만 있지 않고 덧붙여진 것과 함께 있다. 그러므로 개별자에서 무엇임은 여기 어떤 무엇이다. 무엇임에 덧붙여진 것이 함께 있을 때 개별자는 규정된 것이다. 무엇임은 두 가지에서 있는데, 첫째로는 단순히 실체(개별자 자체)에서 있고 둘째로는 틀 지어진 것(개별자)에서 있다. 왜냐하면 질이나 양 등이 무엇인지를 물을 수 있기 때문이다. 무엇임은 개별자와 같은 것인가? 이 질문은 다시 둘로 나누어야 한다. 덧붙여진 것으로서 개별자는 무엇임과 같은 것인가? 하얀 인간으로 있음과 인간은 개별자에서 같지 않다. 개별자 자체는 무엇임과 같은 것인가? 확실히 덧붙여진 것을 제외하면, 개별자 자체와 무엇임은 하나이며 같은 것이고, 개별자 자체를 이해하는 것은 무엇임을 이해하는 것이 될 것이다. 그러므로 맨 처음의 것들로, 즉 자체로 언급되는 것들에게 개별자에서 있음과 개별자는 같은 것이다.

많은 개별자들에서 공통된 것을 보편자라고 한다. 그러므로 보편적인 것은 어떤 규정된 것들에서 원인이며 원리인 것처럼 보인다. 그렇기 때문에 보편적인 것을 실체로 언급하게 된다. 그러나 개별자의 고유한 것을 개별자의 실체라고 하기 때문에 많은 개별자들에서 공통적인 것은 실체일 수 없을 것이다. 만일 보편적인 것을 실체라고 한다면 무엇의 실체인가? 개별자의 실체는 무엇임, 여기 어떤 이것, 즉 개별적인 것 자체이기 때문에 보편적인 것이 개별자의 실체일 수는 없다. 실체는 밑바탕에 근거해서 일컬어질 수 없는 것이지만, 보편적인 것은 밑바탕에 근거해서 일컬어진다. 그러므로 보편적인 것은 많은 것들에서 공통적인 것이며 밑바탕에 근거한 것이기 때문에 실체일 수 없다.

보편적인 것은 종에서 고유한 것이기 때문에 종의 실체라고 할 수 있다. 그러나 이러한 경우에는 어려운 문제가 일어난다. 인간처럼 종들이 실체라면, 개념의 요소들이나 다른 것들은 실체일 수 없을 것이다. 왜냐하면 종은 개별자들의 보편자이기에, 실체의 개념이 보편자라면, 개념의 요소인 개별자 자체는 실체가 될 수 없기 때문이다. 종들이 실체라면 또 다른 것들도 실체가 되어야 한다. 왜냐하면 종이 개별자들의 보편자였기 때문에 종들의 보편자도 있을 것이며, 종들의 실체도 있을 것이기 때문이다. 그러므로 만일 보편적인 것이 실체라면, 실체의 개념은 제3인간을 만들어내는 것처럼 그렇게 실체를 계속 만들어낼 것이다.

유가 실체가 아님은 유가 보편자이기 때문이다.

살펴본 바와 같이 실체로 여겨진 것들 중 무엇임과 밑바탕만이 실체로 밝혀졌다.

ㄷ. 생겨남

이렇듯 실체는 무엇임과 밑바탕이다. 그렇다면 실체들은 서로 어떻게 작용하는지에 대해서도 고찰해야 한다. 왜냐하면 아리스토텔레스는 앞선 철학자들의 이론을 훑어보면서 그들이 실체들이 서로 어떻게 관계하는지 밝히지 못했음을 비판했기 때문이다.

앞 철학자들은 실체들의 뭉침이나 흩어짐에 의해서, 사랑과 싸움에 의해서, 혼합에 의해서, 모방에 의해서 혹은 참여에 의해서 생겨남과 사라짐이 일어난다고 보았다. 그러나 아리스토텔레스는 이러한 견해에는 운동이 빠져 있다고 생각했다. 그는 각각의 실체들이 운동의 원인에 의해 서로 관계된다고 본 것이다.

아리스토텔레스는 생겨남을 운동의 원인에 의해 세 가지로 분류한다. 첫째는 자연에서 생겨남이고, 둘째는 기술에서 생겨남이며, 셋째는 자발성에서 생겨남이다. 어떤 것이 생겨날 때는 어떤 것에 의해서, 어떤 것으로부터, 그리고 무엇이 생겨난다. 무엇은 여기 이것, 양, 질, 장소 등이다. 자연에서 생겨남의 경우 '어떤 것으로부터'는 질료이며, '어떤 것에 의해서'는 형상이다. 그리고 생겨난 무엇은 인간, 식물 혹은 이러한 종류의 어떤 것들이다. 자연에서 생겨나는 것은 생겨남의 원리, 즉 운동의 원인을 자연, 즉 자신 안에 가지고 있다. 왜냐하면 생겨난 것은 같은 이름으로 불리는 것, 즉 형상이 같은 종의 자연이기 때문이다. 그러나 생겨나게 하는 형상은 다른 개별자 안에 있는 것이다. 왜냐하면 한 인간이 다른 인간을 낳기 때문이다. 자연에서 생겨나는 모든 것들은 질료와 관계한다. 생겨나는 것은 가능태에서 활동태로 변화하는 것이다. 질료는 가능태로 있다. 가능태로 있는 것은 생겨날 수 있음과 생겨나지 않을 수 있음의 대립자를 동시에 가지고 있다. 그러므로 생겨나는 것은 가능태에 있는 질료로부터, 형상에 의해서 생겨난다. 자연에서 생겨나는 것의 형상은 운동으로서의 그리고 동시에 도달해야 할 목적으로서의 원인이다.

형상이 영혼 안에 있는 것들은 기술에서 생겨난다. 그래서 기술에서 생겨나는 것을 '만든다', '만듦'이라고 한다. 기술에서 생겨날 때 '무엇으로부터'는 질료이고 '무엇에서'는 형상이며, '무엇에 의해서'는 기술이다. 형상은 개별자에서 무엇임이며 맨 처음의 실체다. 만들어진 무엇은 집, 인간상 등과 같은 것들이다. 만들어진 것들에서 형상은 단지 도달해야 할 목적일 뿐 운동의 원인은 아니다. 운동의 원인은 형상을 가지고 있는 기술이다. 그러므로 기술에서 생겨나는 것은 다른 것에 운동의 원인이 있다. 생겨남과 운동에는 사유와 만듦이 있다. 사유는 원리와 형상에 의해서, 그리고 만듦은 사유의 끝남에서 일어난다. 만드는 과정에서 만들어지는 중간자들도 이와 같은 방식으로 만들어진다. 만들어질 것은 가능태로 있다. 따라서 가능태로 있는 것은 만들어질 그것이다. 만들어질 때 어떤 것이 먼저 있어야 한다. 이것이 가능태로서 질료다. 질료는 만들어질 것의 혹은 만들어진 것의 부분이다. 왜냐하면 질료는 만들어지는 것 안에 있으며 질료 자체는 만들어질 것으로 되어 있기 때문이다.

가능태로서 광석과 형상으로서 둥근 구로부터 광석으로 된 둥근 구가 만들어진다. 그러나 광석으로 된 둥근 구는 자연에서 생겨나는 것처럼 둥근 구로부터 생겨나는 것이 아니라 둥근 구를 만드는 기술로부터 만들어진다. 그러므로 만일 기술이 없다면, '여기 어떤 이것'(형상)은 '어떤 것'(질료)들에서 '함께 있는 실체'(만들어진 것)로 있을 수 없다.

자발성에서 만들어진 것은 질료가 자신 안에 운동의 원인을 가지고 있는 것과 그렇지 않은 것으로 나누어진다. 이는 사물의 부분을 성장시키는 기술에 의해서 생겨나게 할 때 질료가 생겨남의 시작이기 때문이다. 자신에 의해서 운동되는 것들은 미리 규정된 방식에서 가능하지만 어떤 것들은 가능하지 않다. 어떤 것이 생겨날 때 '무엇에서'는 '자연에서' 생겨나는 것처럼 '같은 이름에서', '같은 이름의 부분에서', '부분에서' 혹은 '부분과 관계하는 것에서' 생겨난다. 왜냐하면 자발성에서 만들어지는 것은 맨 처음 작용하는 것이 부분이기 때문이다. 육체가 운동할 때 난 열은 건강함의 부분이다. 자연에서 있는 것은 이와 같은 방식으로 생겨난다. 씨앗은 가능태에서 형상과 관계하기 때문에 씨앗을 운동시키는 것은 어떤 의미에서는 형상과 같은 이름이다. 그러므로 여자는 남자로부터 태어난다. 자발성에서 생겨나는 것들은 씨앗이 운동하는 것처럼 질료가 자신 안에 운동의 원인을 가지고 있어서 스스로 운동할 수 있는 것이다(자연에서 생겨나는 것은 운동의 원인이 같은 형상의 다른 것에 있다).

ㄹ. 질료와 형상

이처럼 구체적인 개별자의 생겨남은 질료와 형상 그리고 운동의 상태에 의해서 네 가지로 분류된다. 그렇다면 질료와 형상은 무엇인가?

광석으로 만들어진 둥근 것이 무엇인가에 대하여 두 가지, 즉 광석과 그러그러한 어떤 모양새라고 말할 수 있다. 광석은 질료를, 그러그러한 모양새는 형상을 말한 것이다. 모양새는 맨 처음의 유이다. 왜냐하면 형상은 개념에서 유이기 때문이다. 광석으로 만들어진 둥근 것은 개념에서 질료와 관계한다. 그러나 광석으로 만들어진 둥근 것이 실제로 만들어질 때 광석이라는 질료로부터 만들어진 이것을 가리켜 광석이라고 하지 않고 광석으로부터 만들어진 것이라고 한다. 돌로 만들어진 인간상은 돌이 아니라 돌로부터 만들어진 것이다. 이와 같이 질료로부터 만들어진 어떤 것을 어떤 질료라고 하지 않고 질료로부터 만들어진 것이라고 하는 것은, 생겨남이 바탕으로 머물러 있는 무엇으로부터가 아니라 변화하는 무엇으로부터 일어나기 때문이다. 즉 광석이 광석으로 바탕에 머물러 있는 것이 아니라 광석이 어떤 모양새(둥근 것)로 변화할 때 어떤 것(광석으로 된 둥근 것)이 생겨나는 것이다.

밑바탕은 만들어지는 것이 아니다. 광석(질료)을 만들 수 없는 것처럼, 구(형상)도 만들 수 없다. 광석으로 만들어진 구는 여기 이러한(개별자의) 구일 뿐이다. 즉 여기 어떤 이것을 만드는 것은 단순히 밑바탕으로부터 여기 이것을 만드는 것이다. 그러므로 광석으로 된 둥근 것을 만든다는 것은 단순히(유로서) 둥근 것 혹은 구를 만드는 것이 아니라 광석에서 이러한(규정된) 둥근 것을 만드는 것이다. 왜냐하면 이러한 둥근 것을 만든다면 무엇(질료)으로부터 만들기 때문이다. 즉 둥근 것(형상)이 만들어지기 위해서 무엇(질료)이 놓여 있기 때문이다. 광석으로 된 구를 만든다면 광석인 여기 이것으로부터 구인 여기 이것을 만드는 것이다. 왜냐하면 광석(질료) 없이는 단순히 구(질료와 형상의 결합체)를 만들 수 없기 때문이다. 만일 밑바탕 자체를 만든다면 이와 같이 만들 것이고 밑바탕의 생겨남은 무한히 계속될 것이다. 그러므로 형상 혹은 형태는 생겨나지 않으며, 무엇임(개별자의 실체 혹은 개별자 자체)도 생겨나지 않아야 한다.

그러나 또한 광석으로 된 구인 것을 만든다는 것은 그것을 광석(질료)과 구(형상)로부터 만든다는 것이다. 즉 구라는 형상을 여기 이것(광석)으로서 질료에다 만드는 것이다. 그러므로 구체적인 어떤 것은 질료와 형상으로부터 생겨날 것이다. 그런데 생겨나는 모든 것은 질료, 형상 그리고 질료와 형상에 의해서 만들어진 것으로 구분할 수 있다. 즉 만들어질 것이 그 안에 있게 될 그것이 질료이며, 형상은 다른 것(같은 형상의 다른 것)에서 있고, 질료와 형상에 의해서 만들어진 것은 질료에 형상이 씌워져서 생겨난 전체다. 그러므로 실체로서 단순히 형상은 생겨나는 것이 아니며, 실체로서 구체적인(여기 이러한, 개별자의) 형상이 생겨나는 것이고, 질료는 모든 생겨난 것 안에 있다.

구가 여기 이런 구들(개별자에서 있는 구) 없이, 집이 건축용 돌들 없이 있다면, 여기 어떤 이것(개별자)은 결코 한 번도 생겨나지 않을 것이다. 그러하면 형상은 오로지 이러한 종류(유적 형상)만을 나타낼 것이다. 형상이 여기 어떤 이것 혹은 규정된 것으로 있지 않고 오로지 이러한 종류로만 있다면, 여기 이 질료에서 형상, 즉 여기 이것(구체적인 것, 개별자)은 만들어지지 않을 것이다. 그러면 형상은 생겨남과 실체들(개별자들)을 위해서 아무런 의미가 없을 것이다. 이러한 형상은 실체가 아니다. 그러므로 개별자로부터 분리되어 있는 실체는 있을 수 없다.

있는 것들은 종과 유에서 같음과 다름을 보이는데, 같음은 형상이 하나이기 때문이고, 다름은 질료가 다르기 때문이다. 예를 들면 많은 침대들이 침대로서 같은 것은 침대라는 형상이 하나이기 때문이며, 다름은 나무로 된 침대와 쇠로 된 침대에서 질료로서의 나무와 쇠가 다르기 때문이다.

질료는 실체인데, 만일 대상에서 틀의 요소들을 모두 제거하고도 남는 것이 있다면, 그것은 질료이다. 왜냐하면 남은 것이 실체인데, 질료가 실체가 아니라면, 아무것도 없기 때문이다. 질료는 무엇임과 함께 밑바탕으로서 실체다. 왜냐하면 있는 것은 틀의 요소들이 무엇임에 따라 질료에 덧붙여져서 있게 되기 때문이다. 따라서 무엇임은 개별자에서 그것 자체라고 일컬어진 것이다.

ㅁ. 운동과 변화

운동과 관련해서는 가능태와 활동태와 완성태를, 그리고 운동과 변화의 차이를 알아야 한다.

있는 것들 중 어떤 것은 가능태에서만 있고, 어떤 것은 활동태에서만 있으며, 어떤 것은 가능태와 활동태에서 있다. 질료는 아직 가능태에 머물러 있는 것이며 가능태에 머물러 있는 한 운동은 없다. 가능태에서 있는 것의 유와 완성태에서 있는 것의 유가 서로 구별된다면, 가능태에서 있는 것의 활동태를 가리켜 운동이라고 한다. 끝남과 관계하여 행함에서 끝남을 갖지 않는 행함을 운동이라 하고(예를 들면 삶, 배움, 걸음, 집을 지음 등등), 끝남을 자기 안에 갖고 있는 행함을 활동태라고 한다(예를 들면 봄, 의식함, 사유함 등등). 그리고 운동이 완전히 끝난 것, 즉 맨 마지막의 활동태를 완성태라고 한다. 운동은 가능태와의 관계에서 일컬어지며, 활동태는 유추에 의해서(왜냐하면 활동태는 단순히 가능태도 아니고 완성태도 아닌, '아직 가능태에서 운동 중임'으로 규정되지 않았기 때문에), 즉 '여기 이것이 이러한 것에서' 혹은 '여기 이것과 관계하여'와 같이 일컬어진다. 완성태 자체가 있을 때, 가능태에서 있는 것의 완성태는 완성태가 활동태인 경우 가능태로서가 아니라 운동하는 것으로서 운동함이다. 그리고 완성태에서는 더 먼저도 더 나중도 없다. 왜냐하면 더 먼저와 더 나중은 운동에서만 있기 때문이다.

가능태는 변화의 원리다. 가능태의 질료가 운동되는 것을 변화라고 하는데, 변화에는 네 가지가 있다. ① 밑바탕으로부터 밑바탕으로의 변화, ② 밑바탕이 아닌 것으로부터 밑바탕으로의 변화, ③ 밑바탕으로부터 밑바탕이 아닌 것으로의 변화, ④ 밑바탕이 아닌 것으로부터 밑바탕이 아닌 것으로의 변화. 그런데 이 중 ④는 변화가 아니다. 왜냐하면 변화란 대립 혹은 모순으로부터 일어나는 것인데, ④는 반대로 놓여 있는 것으로 구성되지 않아서 모순도 대립도 아니기 때문이다. 모순에서 일어나는 변화는 생겨남과 사라짐인데, ②는 생겨남이고 ③은 사라짐이다. 그리고 만일 있지 않은 것이 운동된다면, 생성도 운동인데, 그러나 있지 않은 것이 운동된다는 것은 불가능하다. 다만 있지 않은 것은 정지이다. 모든 운동되는 것이 공간에서 있지만, 있지 않은 것이 공간에서 있지 않다면, 있지 않은 것은 어딘가에 있어야 한다. 왜냐하면 사라짐은 있지 않은 것으로서 정지이기 때문이다. 따라서 사라짐은 운동이 아니다. 결국 모든 운동은 어떤 변화이며, 변화에는 세 가지가 있다. 생겨남과 사라짐은 모순에 따른 변화이며, 따라서 운동이 아니다. 왜냐하면 운동은 밑바탕으로부터 밑바탕으로의 변화이기 때문이다. 그리고 운동은 양과 질과 장소에서만 일어난다〔아이가 어른이 되는 것(양), 파란 사과가 빨갛게 되는 것(질), 학교에서 집으로 가는 것(장소)〕. 이것들에서만 대립이 있기 때문이다. 실체는 대립을 갖지 않기 때문에 실체에서는 운동이 일어나지 않는다.

변화하는 것에는 우연적으로 변화하는 것(음악적인 것이 걷는 것)과 부분이 변화하는 것에 의해서 변화하는 것(간이 건강해질 때 육체도 건강해짐)이 있다. 그리고 이것들을 맨 처음 운동시키는 것이 있는데, 이것은 스스로 운동할 수 있는 것이다. 모든 운동되는 것은 무엇으로부터 무엇으로 운동된다.

ㅂ. 맨 처음의 원인·원리—운동되지 않으면서 운동하는 것

이상과 같이 아리스토텔레스의 《형이상학》에서 다루고 있는 제1원인의 탐구에 필요한 것들을 실체를 중심으로 살펴보았다. 그런데 실체에서 어떻게 다양한 개별자가 생겨나고 사라지는지에 대한 고찰은 자연계 안에 있는 것을 대상으로 한 것이었으므로 자연학과 다를 바가 없다. 따라서 자연학의 대상과 다른 있는 것인 한에서 있는 것에 대한 제1원인이 무엇인지를 탐구함으로써 형이상학의 대상을 확실하게 밝히는 일이 필요하다.

있는 것으로서 실체는 세 가지가 있는데, 두 가지(① 생겨나고 사라지는 지각할 수 있는 것, ② 영원하며 지각할 수 있는 것-천체)는 자연에서 있으며, 다른 하나는 운동되지 않으면서 운동하는 실체다. 운동되는 모든 것은 어떤 것에 의해서 운동되어야 한다. 그것은 맨 처음의 원인·원리일 것이다. 다른 것들을 운동시키는 맨 처음 것은 다른 것들에 의해서 운동시

켜지지 않는 것이다. 만일 어떤 영원한 것이 있다면, 이것을 운동시켜야 하기 때문에 맨 처음의 것도 영원한 실체여야 한다. 왜냐하면 있는 것들 중 실체들이 맨 처음이기 때문이다. 또한 만일 실체들이 사라진다면 모든 것들도 사라질 것이기 때문이다. 모든 것들이 사라진다면 운동도 사라진다. 그러나 시간은 영원하다. 운동이 없다면, 시간은 앞의 것도 뒤의 것도 있을 수 없다. 왜냐하면 시간의 앞과 뒤는 운동됨을 표시하기 때문이다. 그러므로 운동도 시간처럼 생겨나거나 사라지지 않는 영원한 것이다. 운동에는 공간에서의 운동과 연속 운동이 있는데, 연속 운동은 원 운동이다.

운동할 수 있는 것 혹은 작용할 수 있는 것이 활동하지 않는 것이라면 운동은 일어나지 않는다. 왜냐하면 활동하지 않는 것은 가능태에 있기 때문이다. 그러나 설령 활동을 한다 하더라도, 이것의 실체가 가능태라면 또한 운동은 영원히 일어나지 않는다. 왜냐하면 가능태에서 있는 것은 생겨날 수 없기 때문이다. 그러므로 영원한 운동의 원리는 필연적으로 실체가 활동태여야 한다. 또한 실체가 필연적으로 질료 없이 있는 것이어야 한다. 왜냐하면 어떤 영원한 것이 있다면, 이것을 운동시키는 실체는 영원한 것이어야 하기 때문이다. 질료는 변화의 원리이다. 변화는 모순에서 일어나며, 이것은 생겨남과 사라짐이다. 만일 실체가 질료와 관계한다면 실체는 영원할 수 없다. 그러므로 운동의 원리는 필연적으로 실체가 활동태이며 질료를 갖지 않는 것이어야 한다. 따라서 맨 처음의 원인·원리는 필연적으로 운동하지 않으면서 운동하는 영원한 실체임에 틀림없다.

항상 운동되는 것은 멈추지 않는 운동이다. 이러한 운동은 장소 운동ἡ φόρα 혹은 원 운동이다. 따라서 원 운동을 하는 맨 처음의 천체는 영원한 것이다. 그러나 이것은 맨 처음에 스스로 운동하지 못한다. 스스로 운동할 수 없는 활동태에 있는 것이다. 이것을 맨 처음에 운동시키는 것이 있어야 한다. 그것은 운동되지 않으면서 운동하는 것이다. 그러므로 운동되지 않으면서 운동하는 것이 필연적으로 있어야 한다. 이것은 필연적인 한에서 아름답고, 이런 점에서 원리이다. 필연적인 것은 우연적이지 않기 때문에 강압적이며, 그것 없이는 좋은 것이 있을 수 없고, 다르게는 가능할 수 없는 것이다. 그러므로 천체와 자연은 이러한 원리에 의존한다.

그런데 열망하는 것과 사유하는 것 역시 운동되지 않으면서 운동한다. 이것들의 맨 처음의 것들은 같은 것들인데, 왜냐하면 아름답게 보이는 것은 열망할 만한 가치가 있는 것이며, 맨 처음에 열망하는 것은 아름다운 것으로 있는 것이기 때문이다. 또한 사유는 원리이다. 그러므로 정신은 사유에 의해서 운동되며, 그럼으로써 자기 자신을 사유할 수 있다. 그러므로 정신과 사유할 수 있는 것은 같은 것이다. 정신은 사유할 수 있는 것과 실체에 관계할 때 활동하게 된다.

그러므로 맨 처음의 원인·원리인 운동되지 않으면서 운동하는 것이란 영원하며 질료와 관계하지 않고 운동되지 않는 것, 크기와 관계할 수 없고 부분이 아니며 나눌 수도 없는, 경향성도 아니고 변화하지도 않는 것이다. 그러므로 '하나'는 맨 처음의 운동하면서 운동할 수 없는 것이며 천체는 '하나'이다. 이러한 의미들을 잘 담고 있는 것이 신화로부터 전해지고 있는데, 천체들이 신이며 신적인 것은 자연 전체를 포괄하는 것이다. 따라서 신을 인간의 형상으로, 동물들의 형상으로, 다른 것들로, 또한 신들에 뒤따르는 것들로, 이것들을 신과 닮은 것들로 그린 사람들이 신적 속성들을 필요로 했다. 그래서 이들은 맨 처음의 것들, 즉 맨 처음의 실체들만을 신적인 것으로 받아들여서 맨 처음의 실체를 신으로 여긴 것으로 보인다.

앞에서 언급한 것처럼 '형이상학'은 맨 처음의 원인과 원리, 즉 운동되지 않으면서 운동하는 것에 관한 탐구다. 그런데 이러한 것의 속성이 신화에서 이야기되는 신의 속성과 비슷하다 보니 아리스토텔레스도 지적하고 있듯이 옛날이나 지금이나 사람들은 이러한 것을 신학적으로 다루고 싶어 한다. 그럼에도 불구하고 맨 처음의 원인과 원리가 신학이 아닌 철학, 그것도 형이상학에 남겨진 것은 무엇 때문일까?

3. 아리스토텔레스 철학의 영향

아리스토텔레스 이후 안드로니코스에 의해 아리스토텔레스 전집이 편찬되었고, 2세기 말에서 3세기 초에 아프로디시아스의 알렉산드로스에 의해 아리스토텔레스 저작들에 대한 주석이 이루어졌다. 이후 신플라톤주의가 형성되면서 아리스토텔레스 철학 연구는 주로 신플라톤주의자들에 의해 수행되었다. 그리고 529년 황제 유스티아누스의 칙령에 의해 기독교와 일치될 수 없는 모든 철학 학파들이 아테네에서의 활동을 금지당했을 때 페리파토스 학원도 문을 닫았다. 알렉산드로스의 연구는 8세기 무렵의 아라비아 철학 형성에 기여했으며, 르네상스기에는 알렉산드리아학파에 영향을 주었다.

아리스토텔레스의 철학은 크게 두 갈래, 즉 좌파와 우파로 나누어진다. 좌파는 동아라비아(오늘날의 중동)와 서아라비아(스페인, 모로코 지역)에 퍼져 있는 이슬람 문화권에 수용된 것으로, 주로 질료적 관점에서 연구했다.[110]

8세기에 이르러 그리스 철학과 헬레니즘-로마 철학의 저서들이 바그다드의 아카데미에서 시리아의 기독교 학자들에 의해 아라비아어로 옮겨져 아라비아에 소개되었으며, 이것이 아라비아 정신사에 영향을 끼치게 되었다. 이곳에서 주류를 이룬 철학은 아리스토텔레스의 철학이었다. 그러나 이

곳에 전해진 것은 순수한 아리스토텔레스의 이론이라기보다는 신플라톤학파의 이론과 혼합된 것이었다고 보인다. 아라비아 철학자들은 아리스토텔레스의 철학을 매우 독창적인 이론으로 발전시켜 후에 서유럽 철학에 많은 영향을 끼친다. 아라비아 철학이라는 이름은 책들이 대부분 아라비아어로 쓰인 것에서 붙여진 이름이다. 이들의 철학은 이슬람교에 구속받지 않고 연구되었다. 그래서 종종 이슬람교와 배치되는 철학, 세계관, 이데올로기가 주장되기도 했다. 이러한 일이 가능할 수 있었던 것은 당시에는 이 지역에서 종교가 아직 정치적으로 지배 세력을 형성하지 못하고 있었기 때문이었다.

맨 처음의 아라비아 철학자는 당시에 의사로서 이름을 날린 알 킨디였다. 그는 철학을 실재에 관한 지식으로 정의하고 철학의 목표는 진리에 이르는 것이라고 보았다. 그리고 아리스토텔레스와 같이 철학을 이론철학과 실천철학으로 분류했는데, 이는 아라비아 철학에 절대적인 영향을 끼쳤다. 그는 형이상학의 대상을 제1원인으로 삼았지만 이것을 신과 관련시키지는 않았다. 또 논리학을 진리를 탐구하는 철학의 방법으로 놓음으로써 철학을 이슬람교에서 분리했다. 알 킨디는 아리스토텔레스의 운동하지 않으면서 운동시키는 것과 플로티노스의 '일자'를 같은 것으로 여겼다. 그는 이처럼 서로 대립적이며 모순된 두 이론 때문에, 그 노력에도 불구하고 통일된 철학 체계를 마련할 수 없었다.

알 파라비는 아라비아 철학에 하나의 중요한 토대를 마련한 철학자다. 그는 아리스토텔레스의 모든 저서에 주석을 달았다. 그의 작업은 고유한 아라비아 철학이 발전할 수 있는 계기를 마련했고, 이는 이븐 시나와 아베로에스의 철학의 기초가 되었다. 그는 철학은 진리를 추구하며 진리를 대상으로 삼기 때문에, 철학과 이슬람교는 일치한다고 보았다. 그는 아리스토텔레스주의와 신플라톤주의를 종합해 철학적 체계를 세우려고 했다. 그래서 신플라톤주의의 일자를 자신의 철학의 출발점으로 삼고, 이것을 아리스토텔레스의 제1원인과 같은 것으로 여겼다. 그리고 운동과 발전에 관해서는 신플라톤주의의 유출설을 받아들이고 아리스토텔레스의 운동론을 거부했다.

이븐 시나는 그의 의술이 16세기까지 서유럽에서 치료술의 표준이 될 정도로 아주 뛰어난 의술가이기도 했으며, 아라비아 철학자들 중 최고로 평가받는다. 그는 알 파라비의 영향으로 신플라톤주의의 영향을 받았지만 아라비아 고유의 아리스토텔레스적 철학 체계를 마련했으며, 신플라톤주의의 영향에 의해 신을 존재론의 출발점으로 삼았다. 그는 신으로부터 여러 단계의 이끌어냄을 통해 다양하고 변화하는 우연적인 세계를 설명함으로써 아리스토텔레스 철학의 '맨 처음의 운동하지 않으면서 운동시키는 것' 혹은 신과 실재 세계 사이의 연결 문제를 해결했다고 생각했다. 이븐 시나에 따르면 질료와 형상은 신의 매개를 통해서 서로 결합해 구체적인 사물을 만든다. 이때 신에 의해 매개되면서 신과 질료와 형상은 서로 연관 관계를 갖게 된다. 그는 이런 식으로 사물의 속성을 고찰했는데, 후에 아베로에스가 이러한 방법을 비판한다. 이븐 시나의 존재론이 제시한 본질과 개별 사물 간의 관계에 관한 이론은 나중에 서유럽의 보편 논쟁에 막대한 영향을 미친다. 그의 이론에 따르면 개별 사물의 본질은 실제로 개별 사물들 자체 안에 있기 전에 신 안에 있다. 그러므로 그는 개별 사물의 필연성을 신으로부터 이끌어낸다. 그리고 개별 사물의 본질은 인간의 이성 안에 보편적인 개념으로서 추상적으로 있으며 개별 사물들 자체 안에는 같은 종들로서 있다. 따라서 개별적인 다양한 사물들은 직접적으로 본질을 갖는 것이 아니라, 사물이 실제로 있기 위한(생성할 때) 질료와 결합으로 개별 사물에서 있게 된다.

이븐 시나를 끝으로 동아라비아 철학이 막을 내리고 서아라비아가 그 맥을 이었다. 서아라비아에서 중요한 철학자로는 아벰파케와 아베로에스가 있었다. 아벰파케는 아리스토텔레스의 철학을 다른 영향 없이 순수하게 체계화하려고 노력했다. 그는 특히 질료와 형상에 많은 관심을 가졌는데, 질료는 형상 없이 있을 수 없지만 최고의 형상은 아직 형상이 주어지지 않은 질료라고 보았다. 신을 배제하려는 이러한 시도는 범신론의 가능성을 열어놓았다. 아벰파케의 이런 순수한 아리스토텔레스 철학의 체계화는 이후 서아라비아 철학의 전통을 만들었다.

아베로에스는 아라비아 철학에서 매우 중요한 철학자들 중 한 명으로, 유명한 법학자이자 탁월한 의사이기도 했다. 그는 알 파라비처럼 아리스토텔레스 철학의 주석자다. 이 시기에 아라비아에서는 기독교인들이 침투하면서 이슬람교가 기독교와 대결하게 되었고, 철학이 이슬람 교리를 구축하는 데 이용되면서 억압을 받게 되었다. 이 때문에 아베로에스의 철학은 아라비아에서보다는 서유럽에 더 많은 영향을 미쳤다. 그는 철학에서 종적 사유를 추방함으로써 유물론적 사유의 기초를 마련하고 자연과학의 성장에 길을 열었다.

철학에서 종교적 사유를 배제하기 위해 그는 인간과 진리를 세 종류로 나누었다. 복잡하고 은폐된 진리를 탐구하는 철학자, 종교의 가르침을 자연 발생적인 것으로 믿는 단순한 인간, 종교의 가르침과 신앙의 교리를 해석하는 신학자가 그것이다. 철학자는 이성에 의해서 과학과 철학을 연구하며, 단순한 인간은 신화적 세계 설명과 계시된 진리에 머무르고, 신학자는 계시된 진리에 대한 사변을 연구한다. 그는 신학자들을 불필요한 인간들로 규정했다.

아베로에스는 순수한 아리스토텔레스 철학을 위해 노력했지만, 신플라톤주의의 영향을 받기도 했다. 그는 이데아와 개별 사물의 관계에 대하여, 개별 사물들만이 객관적으로 실제로 있으며, 이데아(보편자)는 단지 인간의 이성 혹은 지성에서만 나오고 그것을 통해서만 실제로 있는 것이라고 규정했다. 존재론에서 이븐 시나에 반대한 그는 신플라톤주의의 영향을 제거하려고 유물론적인 경향을 강화했다. 그리고 있는 것은 모든 사물들에서 가장 보편적인 개념이라고 하며 있는 것의 개체성을 주장했다. 있는 것은 실체와 우연적인 것으로 구성되는데, 실체는 그 자체로 실제로 있으며 각각의 사물들에서 개별적으로 실제로 있다. 이와는 달리 우연적인 것은 개별 사물 안에서 개별 사물에 의해서만 실제로 있게 된다. 그는 있는 것과 실체를 분리될 수 없는 것으로 파악했다. 모든 있는 것과 실체는 가능태와 현실태에서 있는데, 가능태는 사물이 실제로 있게 할 수 있는 변화의 토대이며, 현실태는 사물을 실제로 있게 하고 작용하게 하는 것이다. 변화는 가능태로부터 현실태로 옮겨 간다. 이러한 변화의 이론에 따라 그는 있는 것을 세 가지, 즉 움직여지는 것, 움직여지면서 움직이는 것, 움직이는 것으로 나누고 이것들을 형상과 질료에 연결시킨다. 첫째 것은 가능태에 있는 질료이며, 둘째 것도 가능태에서부터 있다. 셋째 것은 능동적인 것으로 순수 현실태이며 어떤 질료도 갖지 않은 순수 형상이다.

우파의 철학은 13세기 초에 아라비아로부터 아라비아어에서 라틴어로 옮겨져 로마로 들어왔으며 나중에는 직접 그리스어에서 라틴어로 옮겨져 소개되었는데, 플라톤 철학과 함께 보편 논쟁으로 잘 알려진 신의 존재 증명에 적용되었다.

보편 논쟁은 플로티노스의 제자인 포르피리오스가 쓴 아리스토텔레스의 《범주론》 서론을 보이티우스가 라틴어로 옮겨 소개한 한 구절에서 시작되었다.

> 유와 종(보편자)은 실제로 있는 실체인가 아니면 인간의 지성에만 있는 개념인가? 만일 실제로 있는 실체라면, 이것들은 물질적인가 아니면 비물질적인가? 그리고 이것들은 감각적 사물들과 떨어져서 있는가 아니면 감각적 사물들 안에 있는가?

이 문제의 복잡성을 알았던 포르피리오스는 답변을 회피했다. 처음엔 아리스토텔레스의 형이상학이 로마에 알려지지 않았기 때문에 이 문제는 주로 논리학적 측면에서, 그리고 신플라톤주의적이고 아우구스티누스적인 입장에 국한되어 논의되었다. 그러나 아리스토텔레스의 형이상학이 들어오면서 폭넓게 복합적으로 논의가 이루어졌다. 이 논의는 세 가지로 요약 정리된다.

첫째는 플라톤주의 입장의 실재론이다. 이 입장은 보편자는 감각적 사물로부터 떨어져서 앞서 있는 비물질적인 실체라고 본다.

둘째는 플라톤주의 입장과 대립되는 유명론이다. 이 입장은 보편자가 실제로 있다는 것을 부정하고, 단지 개별자만이 실제로 있으며 보편자는 개별자를 나타내는 이름에 지나지 않는다고 본다. 즉 보편자는 개별자와 관계해서만 있을 수 있다. 이는 초기에 아리스토텔레스의 논리학과 관련되어 주장된 것인데, 논리학이 개념과 명제와 증명 등에 관한 책이어서 보편자를 사물보다는 이름과 관계한 것으로 다룬 것으로 보인다.

셋째는 실재론과 유명론을 절충한 입장으로, 아리스토텔레스의 형이상학적 토대, 즉 개별 실체를 형상과 질료의 결합으로 분석해 설명한다. 이 입장은 개별자를 실제로 있는 것으로 본다는 점에서 유명론과 같고, 보편자를 인간의 지성에서 독립해 실제로 있는 것으로 본다는 점에서 실재론과 같다. 여기에서 형상(보편자)은 개별자의 본질로, 개별자 안에서 개별자를 개별자로 규정짓는 것이다.

이런 셋째 입장의 대표자라 할 수 있는 토마스 아퀴나스는 아리스토텔레스의 철학에 기초해 개별자를 형상과 질료, 본질과 실제로 있는 것의 복합체로 간주했다. 인간의 지성이 본질을 갖고 있고 구체적인 개별자는 아직 보편성을 갖지 못했을 때 개별자가 본질을 갖기 위해서는 인간의 지성 안에 실제로 있어야 한다. 그리고 이때에 개별자에서 보편자의 추상 작용이 가능해진다. 이러한 견해는 이븐 시나의 영향을 받은 것으로 보인다. 그러므로 보편자는 개별자 안에서 실제로 있는데, 그러나 이것은 참된 보편자는 아니고 개별자들로부터 공통된 것들을 추상함으로써 보편자는 보편성의 특징을 갖는다. 아우구스티누스의 영향은 토마스 아퀴나스로 하여금 보편자를 개별자에서 있기에 앞서 신의 지성 안에 있는 것으로 보게 했다. 반면에 아리스토텔레스 철학의 영향은 토마스 아퀴나스로 하여금 개별자를 강조하게 했다. 왜냐하면 보편자는 진리를 위한 학문의 대상으로서 실제로 있지만, 개별자와 떨어져서 실제로 있는 것은 아니기 때문이다. 즉 보편자는 실체로서 있는 것이 아니라, 개별자들의 무엇으로서, 개별자들을 있게 하는 것으로서 개별자 안에 있는 것이다. 그러므로 토마스 아퀴나스는 보편자는 개별자로부터 떨어져서는 실제로 있을 수 없으며, 이럴 경우에는 오로지 신의 지성 안에서만 실제로 있을 뿐이라고 보았다.

토마스 아퀴나스의 스승인 알베르투스 마그누스는 신학의 주제는 신학으로, 철학의 주제는 철학으로 다루어야 한다고 생각함으로써 신앙과 이성을 분리해 자연과학과 합리적 신학에서 아리스토텔레스의 철학을 추구했다. 그는 영혼을 능동적 지성과 가지적 지성으로 구분하고, 능동적 지성을 신에 의해 주어지는 것으로 보아 인식의 제1원인으로 삼았다. 그는 이 능동적 지성이 감각적인 것들로부터 보편적인 형상을 추상해 가지적 지성에게 줌으로써 대상에 대한 인식이 이루어진다고 보았다. 이러한 이론은 보편자가 개별자 안에 함께 있음을 보여준다.

12세기 말에서 13세기 초에 아라비아에서 서유럽으로 전해진 아리스토텔레스의 철학은 그의 자연학적 영향(우주의 영원성)에 의해 범신론적 경향으로 빠질 위험성과 아라비아 철학에 의해 유물론적으로 해석된 데 따른 영향으로 인해, 토마스 아퀴나스의 노력에도 불구하고 기독교에 의해 금지당했다. 그러나 이러한 금지는 일시적이었고 여전히 아리스토텔레스의 저술들은 읽히고 있었다. 그리고 13세기 후반에는 아라비아어 번역본이 아니라 그리스어 원전으로부터 번역이 진행됨으로써 신플라톤주의의 영향이 개입되지 않은 순수한 아리스토텔레스의 사상이 전파되었다. 그리고 아리스토텔레스의 책들이 파리 대학에서 교과 과정에 포함되었다.

4. 아리스토텔레스 철학의 현대적 의의

지금 우리는 고도화된 기술 문명 덕에 편리함과 쾌락에 길들어 있다. 어려운 것은 기피하고 쉬운 것만 추구한다. 그러는 동안 생각하는 힘은 약해져간다. 니콜라이 하르트만Nicolai Hartmann에 따르면 "높은 가치는 그 자체로서 가치 있는 것이어서 행하면 행할수록 더 많이 생겨난다". 이에 빗대어 말해본다면, 역설적인 말이지만, 어려운 것을 행하면 행할수록 더 쉬워질 것이고 쉬운 것을 행하면 행할수록 더 어려워질 것이다. 어려운 것을 행하다 보면 더 많은 지식과 지혜를 얻게 되어 모든 것이 점점 더 쉬워질 것이다. 반면에 쉬운 것만을 행하다 보면, 우리의 생각하는 힘이 더욱더 약해져서 아무리 쉬운 것이 주어져도 어려워질 것이다. 생각의 단순화가 오늘날 인문학의 위기를 몰고 오지 않았나 싶다.

아리스토텔레스의 《형이상학》은 그리 녹록하지 않다. 아리스토텔레스 이후에 형식 논리학은 한 발짝도 더 나가지 못했다고 평가될 만큼, 논리학의 대가였던 그의 글은 논리적으로 매우 치밀하다. 그래서인지 기원전 1세기 무렵 로마의 황제였던 카이사르는 자신의 한 책에서 "아리스토텔레스를 읽고 비평하고자 한다면 정신을 냉정하게 긴장시켜야 할 것"이라고 말했다. 카이사르의 말이 옳다면, 아리스토텔레스의 《형이상학》은 우리의 사고의 힘을 키울 수 있는 좋은 자료가 될 것이다.

오늘 우리는 인문학뿐만 아니라 자연학까지도 기피하고 있다. 그러나 삶의 원리는 사실상 자연학에 근거하고 있다. 탈레스가 기후 변화를 예측하고 올리브의 풍작을 예견해 다음 해에 많은 돈을 벌었다는 일화는 이미 고전이 되었다. 인문학이 위기에 부닥친 것은 자연학에 대한 무관심 때문이 아닌가 싶다. 아리스토텔레스와 헤겔의 자연학이 오늘 우리의 자연학에 비추어 많은 문제점을 드러내고 있긴 하지만, 그럼에도 불구하고 자연학에 대한 그들의 관심이 오늘 우리에게 인문학의 위기를 풀 실마리를 던져주는 것이 아닐까?

사실 오늘날의 철학은 지나치리만큼 본질 철학, 즉 형이상학에서 멀어져가고 있는 듯하다. 물론 오늘날 자연과학은 학문적 깊이가 너무 깊어 비전문가들이 따라가기에는 버거운 것이 사실이다. 그래서인지 형이상학은 과거에 머물러 있다. 헤겔이 뉴턴의 역학을 끌어들인 이후 19세기 말에서 20세기 초에 등장한 아인슈타인의 대우주론과 하이젠베르크를 비롯한 많은 과학자들의 양전자 이론에서부터 형이상학은 맥이 끊긴 것으로 보인다. 물론 20세기 중반쯤에 이 과학자들에 의해서 대중을 위한 과학, 즉 과학의 철학화 작업이 잠깐 이루어지기는 했다. 그러나 이들의 작업은 과학이었을 뿐, 철학은 되지 못한 것으로 보인다. 오늘날 일부 철학자들이 이들의 작업을 잇고는 있지만, 아직 눈에 띄는 성과는 없다.

아리스토텔레스의 《형이상학》이 우리에게 주는 의미는 무엇보다도, 잊고 있는 혹은 잊을 뻔한 삶·본질의 문제를 다시 일깨워주는 것이 아닌가 싶다. 그의 《형이상학》은 감각적 즐김, 황금이 최고 가치가 되어버린 지금 우리가 무엇을 추구해야 하는지 삶을 되돌아보게 할 것이다. 아리스토텔레스의 실체 탐구는 단순히 실체 탐구에 그치지 않는다는 것을 《형이상학》을 읽는 독자들이라면 알 수 있을 것이다. 실체에 대한 탐구는 있는 것으로부터 시작하지만, 실체에 대한 탐구는 있는 것을 탐구하기 위함이기도 하다. 왜냐하면 실체를 가장 잘 알 때 있는 것을 잘 알 수 있기 때문이다. 있는 것은 실체, 즉 있는 것 자체와 경향성들의 결합체다. 그리고 이 결합체가 활동태에 있을 때 삶이 행해진다. 그러므로 삶은 있는 것 자체, 즉 본질과 함께 시작되는 것이다. 우리의 본질을 안다는 것, 이것은 삶을 아는 열쇠가 될 것이다.

형이상학이 형이상학 자체에만 머무르면 의미가 없다는 것은 이미 아리스토텔레스가 플라톤의 이데아 비판에서 증명한 바이다.《형이상학》을 읽는 독자들에게 밝은 미래를 기대해본다.

주

1 폴로스Πῶλος는 아그리젠토 출신으로, 플라톤에 의해서 알려진, 화술에 관한 저술을 쓴 고르기아스의 제자이다.

2 아리스토텔레스는 《니코마코스 윤리학》, 1139b 14~1141b 8에서 실천적 지혜를 고찰하는 가운데, 실천적 지혜는 기술이나 학문적 지혜와는 다름을 간략하게 언급하고 있다. 실천적 지혜를 가진 사람이란 단순히 부분적인 것들에서가 아니라, 전체적으로 잘 산다는 것과 관련해서 무엇이 좋은지를, 자신에게 유익한 것이 무엇인지를 잘 숙고할 줄 아는 자라고 정의한다. 그러나 기술은 단순히 능숙함과 관련된 것으로 정의한다. 그러나 학문적 인식은 증명에 의해서 이루어지며 지혜로운 사람은 원리들 자체와 원리들로부터 이끌어진 것들을 아는 자다.

3 피타고라스 정리에서 삼각형의 빗변을 한 변과 같은 단위로 측정할 수 없음. 즉 당시 수의 체계는 양의 정수였기 때문에 빗변이 무리수가 될 수 있어서 같은 단위로 측정할 수 없었다. 삼각형의 빗변은 사각형의 대각선이며, 따라서 대각선은 한 변과 같은 단위로 측정할 수 없었다.

4 Δ 7장에서 '있는 것τὸ ὄν'의 개념에 관해 설명한다.

5 밀레토스학파와 엘레아학파.

6 엠페도클레스와 피타고라스학파.

7 아낙사고라스와 원자론자들.

8 피타고라스학파.

9 점은 선의 한계이며 최후이고, 선은 면의, 그리고 면은 입방체의 한계이며 최후인 것으로부터……. N 1090b 5.

10 이오니아의 자연철학자들.

11 플라톤은 이데아와 사물들 사이에 중간자로서 수를 놓았다.

12 크세노크라테스학파.

13 ἡ μορφή(형태)는 τὸ εἶδος(형상)와 거의 같은 뜻으로 쓰인다. 그러나 엄밀하게 구분하자면 ἡ μορφή는 τὸ εἶδος의 모양이다. 즉 형태는 질료와 결합된 것이다.

14 3장 첫 부분에서 실체를 네 가지로 분류했다. 즉, 무엇임, 보편적인 것, 유 그리고 밑바탕. Z 3장 1028b 33~36 참조.

15 제논과 그의 동료들. 플라톤,《소피스테스》, 237 · 256 참조.

16 Z 4장 1030a 17~b 13 참조.

17 Z 4장 1030a 17~b 13 참조.

18 같은 종의 각각의 개별자들의 무엇임이 각각 다르다면, 각각의 개별자들의 무엇임에 이름을 붙여주는 일은 무한히 계속될 것이다.

19 Z 7장 1032b 23~30과 Z 9장 1034a 9~21, b 4~7에서 다룬다.

20 피타고라스학파.

21 Z 10장 1035a 30~b 3 참조.

22 M · N편에서 수와 수학적 대상들에 관하여 피타고라스학파와 플라톤주의자들의 이론을 비판적으로 살핀다.

23 Z 12장과 H 6장.

24 Z 10~11장 참조.

25 Z 5장 참조.

26 Z 6장 참조.

27 《분석론 후서》, 97a 29에서 아리스토텔레스는 분리를 통해서 증명하는 것과 같은 방식으로 도출된 논리적 결론에 관해서 같은 어려움이 있다고만 했을 뿐, 어려움에 대한 구체적인 것은 언급하지 않았다.

28 Z 4~6장과 10~12장 참조.

29 Z 3장 참조.

30 탈레스는 이것을 이집트로부터 빌려왔다. *Aristotle's Metaphysics* II, W. D. Ross (ed.)(Oxford, 1924), 211쪽.

31 Z 5장 1031a 11~14.

32 Z 15장과 H 6장.

33 Z 8장 참조.

34 견해δόχα란 학문적으로 증명된 의견이 아니라 '개인적으로 그러하다고 생각한 의견'을 뜻한다.

35 Z 1장.

36 대개 플라톤주의자들. Z 2장 참조.

37 Z 4~6 · 12 · 15장 참조.

38 Z 10~11장 참조.

39 Z 13 · 14 · 16(1040b 16~1041a 5)장 참조.

40 M~N편.

41 K 11장 1067b 15~1068a 5 ; 《자연학》, 225a 12~20. 아리스토텔레스는 여기에서 변화에 관하여 설명한다. 변화에는 운동과 생성과 소멸이 있는데, 운동은 대립 상태에서 일어나며 생겨남과 사라짐은 모순에서 일어난다. 즉 밑바탕에서 밑바탕으로의 변화는 운동이며, 밑바탕이 없는 것에서 밑바탕으로의 변화는 생성이고, 밑바탕으로부터 밑바탕이 아닌 것으로의 변화는 소멸이다. 그리고 밑바탕이

아닌 것으로부터 밑바탕이 아닌 것으로의 변화는 아무것도 아니다. 왜냐하면 이것은 대립도 모순도 아니기 때문이다.

42 'τὸ ἔστι'는 '있다'와 '이다' 두 가지를 의미하지만, 아리스토텔레스의 형이상학이 존재의 형이상학이라는 점을 고려해 이 책에서는 '있다'의 의미로만 옮긴다. 따라서 'τὸ εἶναι'는 '있음', 'τὸ ὄν'는 '있는 것', 'τὰ ὄντα'는 '있는 것들'로 옮긴다.

43 실체와 쌍을 이루는 것이란 실체에 대한 대립자를 말한다. 그러므로 이 문장은 실체에 대한 대립자는 없음을 의미한다.

44 아르후타스Ἀρχύτας 는 이탈리아의 항구 도시인 타렌트 출신의 작가이자 피타고라스학파의 한 사람이다. 플라톤과 절친했으며, 수학자, 기술자, 지주, 집정관으로서 유명했다. 대략 기원전 400~360년경에 살았다.

45 Z 8장 참조.

46 안티스테네스Ἀντισθένης는 소크라테스의 제자로, 키니코스학파의 창시자이며 디오게네스의 스승이다. 정의를 부정하고 판단의 주어에 그 주어와 다른 일반적 술어를 쓸 수 없다고 했다. 예를 들면 '인간은 인간이다'라고밖에 쓸 수 없다는 것이다. 그가 플라톤의 이데아를 비난하여 "내가 말〔馬〕을 보나 말이라는 것은 보지 않는다"라고 말한 것도 정의를 부정하는 입장에서 나온 것이다.《세계철학대사전》(교육출판공사, 1985), 707쪽 참조.

47 피타고라스학파와 플라톤주의자들. M 6~7장 참조.

48 Z 12장, H 3장 1044a 2~6 참조.

49 여기서 '개별자'라는 단어는 사물을 나타내는 것이 아니라, '사물을 기술하는 틀(범주)들 각각'을 뜻한다.

50 루코프론Λυκόφρων은 할키스 출신으로, 고르기아스 노선의 웅변가이며 소피스트였다.

51 Z · H편.

52 Z 1장.

53 Θ 6~10장.

54 Δ 12장에서 가능태의 개념에 관하여 설명한다. 가능태의 개념을 다른 것에서 혹은 다른 것인 한에서 운동 혹은 변화의 원리로 규정한다.

55 이 장에서는 'ὁ λόγος'를 '이성'이라고 옮긴다. 왜냐하면 여기서 ὁ λόγος는 '원리의 작용'이라는 의미가 강하다고 여겨지기 때문이다.

56 인간이 만물의 척도라는 상대론적 진리.

57 Θ 3장 1047a 24~26. 만일 활동태가 가능할 수 있다면, 가능대와 관계하는 것은 가능할 것이며, 불가능한 것은 없을 것이다.

58 사각형의 한 변과 대각선을 같은 단위(양의 정수)에서 측정할 수 없음을 의미한다. 주 3 참조.

59 앞의 2장에서와 같은 이유로 ὁ λόγος를 '이성'이라고 옮긴다. 주 55 참조.

60 그리스어에서 어미 '−ινος"는 재료를 나타내는 형용사로서 '그러그러한 재료로부터 생성된, 만들어진'이라는 의미를 지니며, 특히 나무나 돌과 같은 재료를 나타낸다.

61 Z 7~8장.

62 파우손ὁ Παυσονως ἔσται Ἑρμῆς은 아테네 출신으로, 속이는 그림trick picture 그리기에 몰입했던 화가다. 알렉산드로스에 따르면 파우손은 헤르메스를 만들었다. 그런데 돌의 표면에 보통의 방법으로 헤르메스를 새겼는지 혹은 투명한 물체에 헤르메스를 끼워 넣었는지 말하기 어렵다. "표면이 거울의 표면처럼 완전히 매끄럽게 보일 때 그것이 어떻게 '표면에 새겨 넣은 것without'일 수 있는가, 혹은 표면이 연결한 흔적이 없어 보일 때 그것이 어떻게 '표면 아래에 끼워 넣은 것within'일 수 있는가?" 그렇지만 이러한 주장은 확실히 틀

렸다. 첫째로 파우손은 조각가가 아니라 화가이며, 둘째로 알렉산드로스가 언급한 조각의 종류를 알지 못하므로 알렉산드로스의 주장은 거의 사실이 아니다……가드너Percy Gardner 교수는 헤르메스에 대하여 다음과 같이 추측한다. 헤르메스는 속이는 회화인데, 브뤼셀의 비르츠 화랑에 있는 캔버스에서 톡 튀어나오게 하는 방법으로 얼마쯤 눈을 속이는 그림이다. *Aristotle's Metaphysics* II, W. D. Ross (ed.), 263쪽.

63 Θ 8장 1049b 17~29 참조.

64 'ἁπλῶς'는 'ὁλῶς'와 같이 대개 '순수하게', '아무 조건 없이', '절대적으로'의 의미이다.

65 엠페도클레스.

66 이집트와 메소포타미아의 기하학이 생활 속 경험을 통하여 얻게 된 것들로 한정된 반면, 그리스의 기하학은 경험적인 것을 넘어서 공리와 공준 그리고 정리에 의해 증명하는 기하학, 즉 논증 기하학으로 발전했다.

67 탈레스가 발견했다고 한다.

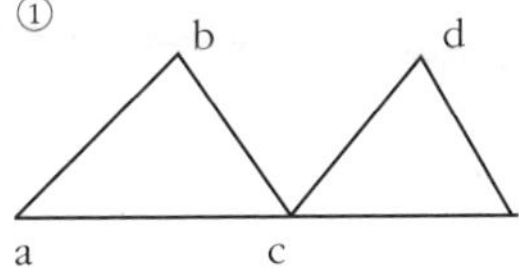

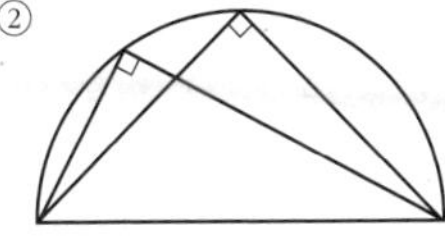

68 이러한 실체는 수학적 수이다. Λ 6~7장 참조.

69 이 문장은 원문이 매우 난해하다. 그래서 내용에 적합하게 로스W. D. Ross와 슈바르츠F. F. Schwarz의 번역을 따랐다.

70 플라톤, 《소피스테스》, 254 A.

71 여기에서 우리가 주목할 것은 단어들의 형태다. 그리스어에서 동사로부터 추상되어 만들어진 명사 중 어미가 '-σις'인 명사는 '활동'

의 의미를 함축하고 있다. 아리스토텔레스가 특별히 '-σις'로 끝나는 명사를 사용하고 있는 것은 '어떤 것이 되어가는 과정이 하나의 운동이라는 것'을 설명하기 위함으로 보인다. 여기서 이런 유의 단어들을 단순히 추상명사로 옮기지 않고, 활동적인 의미를 살려서 옮기고자 한다.

72 피타고라스학파와 플라톤주의자들의 주장.

73 K 9장 1065b 22~1066a 27 참조.

74 《자연학》, 204a 20~32.

75 아낙시만드로스.

76 위쪽, 아래쪽, 오른쪽, 왼쪽, 앞쪽, 뒤쪽. 《자연학》, 205b 31~14, 208b 11~25.

77 이 장에서는 내용상 'συμβεβηκός'를 '덧붙여진 것'이라고 옮기지 않고 '우연'이라고 옮긴다.

78 W. D. 로스에 따르면 생겨남과 사라짐은 모순적인 의미에서 반대로 있는 것으로의 변화이며(예를 들면 인간이 아닌 것으로부터 인간으로의 변화, 순환하는 변화), 운동은 반대 혹은 대립적인 의미에서 반대로 있는 것으로의 변화이다(예를 들면 위로부터 아래로의, 작은 것으로부터 큰 것으로의, 하얀 것으로부터 검은 것으로의 변화). 자세한 것은 1067b 36~1068a 5와 *Aristotle's Metaphysics* II, W. D. Ross (ed.), 341쪽, 25번 참조.

79 플라톤의 추종자들.

80 이 문장은 이미 바로 앞에서 언급된 것이기에 제거되어야 할 것이다.

81 플라톤, 크세노크라테스, 스페우시포스가 이러한 견해를 주장했다.

82 Λ 4장 1070a 31.

83 Λ 5장 1071a 17.

84 Λ 4장 1070b 17.

85 Λ 1장 1069a 30~31에서 실체를 세 가지로 분류한다. ① 비감각적인 영원한 것, ② 감각적인 영원한 것(천체의 별들), ③ 감각적인 사라지는 것(동물, 식물 등).

86 플라톤,《티마이오스》, 30a.

87 플라톤,《파이드로스》, 245c ; 플라톤,《법률》, 894e.

88 플라톤,《티마이오스》, 34b.

89 Λ 6장 1071b 22~26.

90 Λ 10장 1075a 36.

91 Z 2장 1028b 21.

92 이러한 입장은 플라톤과 그의 추종자 집단이 대표한다.

93 《자연학》, Θ 8~9장 ;《천체에 관하여》, A 2장, B 3~8장.

94 Λ 7장 1073a 5~11.

95 에우독소스Εὔδοξος는 기원전 4세기의 크니도스 출신의 의사이자 수학자, 천문학자다.

96 플라톤과 플라톤주의자들의 이론.

97 스페우시포스의 이론.

98 피타고라스 추종자들과 스페우시포스의 이론.

99 "좋아함은 착함의 원인이며 싸움은 나쁜 것의 원인이다." A 4장 985a 4 이하 참조.

100 헤시오도스와 다른 우주론자들(Λ 7장 1072a 19).

101 엘레아학파(A 5장 986b 10).

102 Λ 6장 1071b 15~20.

103 스페우시포스(Z 2장 1028b 21, N 3장 1090b 13~20).

104 아리스토텔레스는《시학》, 1451b 34에서 에피소드라는 개념을 다음과 같이 정의하고 있다. "상호 간에 당연한 것도 필연적인 것도 아닌 이야기를 나는 에피소드라고 부른다λέγω δ' ἐπισοδιώδη μῦθον

ἐν ᾧ τὰ ἐπεισόδια μετ' ἄλληλα οὔτ' εἰκός οὔτ' ἀνάγκη εἶναι."

105 호메로스,《일리아스》II, 204.

106 아리스토텔레스의 삶에 대해서는 Ingemar Düring, "Leben und Persönichkeit(삶과 인간성)", *Aristoteles(Darstellung und Inter-pretation seines Denkens)*(Heidelberg : Carl Winter Universitätsverlag, 1966), 1~21쪽을 축약해 정리했다.

107 아리스토텔레스는 아소스 시절에 청년 테오프라스토스(기원전 370년경 레스보스섬의 에레소스에서 출생)를 알게 되었다. 이 청년은 이후 아리스토텔레스가 죽을 때까지 25년 동안 그의 가장 믿음직스러운 학생이자 연구의 동반자가 되었으며, 그가 죽은 후에는 그의 유산을 상속받았다.

108 《철학대사전》(학원사, 1976), 685쪽.

109 이에 대해서는 Ingemar Düring, "Die relative Chronologe seiner Schriften(저작들의 연대기)", *Aristoteles(Darstellung und Interpretation seines Denkens)*, 48~52쪽을 정리했다.

110 아리스토텔레스 좌파 철학에 대한 글로는 김진, 〈물질의 개방성과 좌파 아리스토텔레스주의—에른스트 블로흐의 아리스토텔레스 이해〉,《철학연구》 제43집(1987년 6월), 95~113쪽이 있다.

W. 브뢰커, 《아리스토텔레스의 철학사상》, 김진 옮김(범우사, 1987)

아리스토텔레스의 철학을 운동이라는 개념을 통해 정리한 책이다. 사실 아리스토텔레스의 《형이상학》은 운동 변화 속에서 진행되는 자연학적 탐구를 토대로 하고 있기 때문에 매우 역동적이라고 할 수 있다. 그래서 운동 개념으로 그의 철학 전체를 꿰뚫는 것은 매우 의미 있는 일로 여겨진다. 나 역시도 운동 개념에 의해 《형이상학》 전체를 설명해야 한다고 생각하고 있다. 다만 저자는, 서설에서 밝히고 있듯이, 하이데거의 제자로서 다분히 하이데거의 영향 아래 있다. 그래서 독자들은 이 점을 염두에 두고 읽어야 할 것이다. 또한 이 책은 아리스토텔레스가 사용한 용어 이상의 용어를 사용하고 있어서 독자들이 혼란스러울 수 있겠다. 이를 극복하기 위해서는 아리스토텔레스의 용어에 대한 이해가 앞서야 할 것이다.

박홍규, 《형이상학 강의, 2》(민음사, 2004)

서울대 철학과 교수를 지낸 저자의 여러 개의 강의 녹취록을 모아놓은 책이다. 이 중 제1장이 아리스토텔레스의 '우시아'(실체, 11~77쪽)에 관한 강의이다. 이 책에서 무엇보다 눈에 띄는 것은, 앞부분에서 저자가 그리스어에 대한 해박한 식견으로 용어의 어원적 분석을 제시하고 있다는 점이다. 이런 논의는 중간 부분을 넘어서면서 뜨거워지는데, 운동자에서 문제에 부닥친다. 이 문제는 아리스토텔레스가 생성의 문제에서 운동인을 네 가지로 분류해 고찰했음을 간과한 데서 비롯된 것으로 보인다. 당대의 지식의 한계를 오늘날의 지식으로 평가할 수는 있겠지만, 당대의 지식을 오늘날의 지식으로 재단해서는 안 될 것이다. 만일 재단한다면, 우리는 더 이상 옛날 문헌들을 볼 필요가 없을 것이다. 당대의 지식으로 고찰하되 문제점을 파악하고, 그 문제점의 해결을 위해 오늘날의 지식을 사용해야 할 것이다. 이것은 내가 뮌스터 대학에서 공부할 때 페터 로스Peter Ros 교수로부터 들은 말이다.

조요한 외, 《희랍철학 연구》(종로서적, 1988)

그리스 철학에 대한 여러 편의 논문을 모아서 역은 책이다. 이 중 두 편이 아리스토텔레스의 《형이상학》과 관련된 글이다. 이 책의 글들이 논문인 만큼, 일반 독자들은 글쓴이의 주관을 아리스토텔레스의 생각과 구분할 필요가 있겠다.

김완수의 〈아리스토텔레스의 《형이상학》에 나타난 '실체 개념(οὐσία)'을 중심으로 본 형이상학의 제문제〉(209~281쪽)는 실체의 구조를 분석하면서 《형이상학》의 내용을 잘 정리하고 있다. 그러나 형상을 너무 강조하는 것 같다. 물론 아리스토텔레스가 질료보다 형상이 우선한다고 한 것은 사실이다. 그러나 아리스토텔레스의 이러한 견해는 형상이 원인 혹은 목적이라는 의미로 받아들여야 할 것이다. 왜냐하면 아리스토텔레스의 《형이상학》에서 궁극적인 목적, 즉 실체 분석의 궁극적인 목적은 세계에 대한 보편적 원리가 무엇인가를 밝히는 데 있다고 보이기 때문이다.

박홍규·이태수의 〈아리스토텔레스에 있어서 목적인과 운동인〉(283~302쪽)은 이제껏 그리스어 'αἰτία'를 '원인'이라고 옮긴 것은 그 단어에 담긴 아리스토텔레스의 본래 의미를 제대로 살리지 못한 것임을 지적한다. 그리고 올바른 의미에서 목적인과 운동인이 무엇인지를 잘 설명한다. 아리스토텔레스의 철학을 좀 더 잘 이해하기 위해서 매우 중요한 글이라고 생각된다.

조요한, 《아리스토텔레스의 철학》(경문사, 1988)

저자의 논문들을 모아 엮은 책이다. 이 책의 IV장(존재 개념의 다의성), V장(부동의 원동자), VI장(시간과 정신)이 《형이상학》과 관련된 내용이다. 아리스토텔레스에게서 '존재'의 개념은 매우 다양하기 때문에 '존재'는 아리스토텔레스를 읽을 때 독자들이 가장 먼저 정리해야 할 개념들 중 하나다. 또한 이 책을 통해서 부동의 원동자(운동하지 않으면서 운동시키는 것)가 무엇이며 어떤 기능을 하는지를 이해할 수 있을 것이다.

아리스토텔레스, 《영혼에 관하여》, 유원기 역주(궁리, 2002)

영혼이 무엇이며, 역할이 무엇인지에 관해 기술한 책이다. 전체 세계에서 전체 세계의 제1원인은 운동하지 않으면서 운동시키는 것이지만, 살아 있는 생명체에서 생명체의 제1원인은 아리스토텔레스가 볼 때 영혼이다. 그래서 그는 《형이상학》 Λ편의 7~10장에서 운동하지 않으면서 운동시키는 것으로 영혼과 같은 의미의 정신을 다루고 있다. 그런데 여기서 다루는 내용은 《영혼에 관하여》의 내용을 요약한 것이나 다름없다. 따라서 생명체의 제1원인을 좀 더 명확히 하기 위해서는 《영혼에 관하여》를 읽는 것이 필요하다. 그런데 내가 《형이상학》에서 '정신'이라고 옮긴 그리스어 단어 'νοῦς'(νόος, 누스)를 이 책의 역주자는 '지성'으로 옮기고 있다.

아베로에스, 《아베로에스의 아리스토텔레스 형이상학》, 김재범 옮김(한국학술정보, 2012)

그리스의 멸망과 함께 로마제국에 의해 반기독교적인 학문이 금지당하자 그리스 학문은 아랍 세계(이슬람 문화권)로 옮겨졌다. 그리스 학문은 이곳에서 13세기경까지 보존, 연구되었다가 로마제국으로 들어가게 된다. 이 책은 이 시기에 아랍 세계에서 연구되었던 중요한 몇몇 책들 가운데 마지막 책으로, 아베로에스가 12세기 중엽에 집필했다.

아베로에스는 풍부한 자연과학적 지식과 더불어 아리스토텔레스의 학문을 두루 섭렵하여 얻은 깊고 넓은 지식을 바탕으로, 아리스토텔레스의 저술들에 대한 해설서들을 자신의 입장에서 저술했다. 그중《형이상학》에 관한 것이 바로 이 책으로, 무엇보다도 눈에 띄는 것은 양을 실체에 버금가는 것("있는 것은 양에 따라서 있는 것이다Ens in quantum est ens")으로 다루고 있다는 점이다.

옮긴이에 대하여

김재범entelekeia@hanmail.net

1963년에 전남 곡성에서 태어나 어린 시절을 고향에서 보내고, 청소년기에 빛고을 광주로 유학하여 1979년 10·26과 1980년 5월을 광주일고 교정에서 겪었다. 시대적 고통은 수학과 과학 분야에 흥미를 가졌던 그에게, 스스로 생각하기에 자신이 가진 재능 중 언어에 대한 재능이 가장 떨어짐에도 불구하고, 인문학으로 방향을 바꾸도록 강요했다. 이후 전남대 철학과를 졸업하고 동 대학원에서 〈아리스토텔레스에서 활동태Ἐνέργεια와 완전태Ἐντελέκεια에 관한 고찰〉이라는 논문으로 석사 학위를 받았다. 곧이어 경제적 어려움에도 불구하고 푸른 꿈을 안고 독일 유학길에 올랐지만, 뮌스터 대학에서 아리스토텔레스의 《형이상학》에 몰두하던 중 IMF 사태로 경제적 어려움을 극복하지 못한 채 꿈을 접어야 했고, 오그라든 삶 속에 이제는 '죽을 때까지 외롭지 않게 해줄 친구'인 당뇨병을 얻었다. 산산조각이 된 삶에서 고통은 계속되었지만, 아리스토텔레스의 본질 문제는 그의 머릿속에서 떠나질 않았다. 그리하여 겨우 마음을 잡고 2004년에 아리스토텔레스의 《형이상학》을 우리말로 옮기는 작업을 시작하여 오늘에 이르게 되었다.

그는 '있음'(혹은 '있는 것')을 가장 중요하게 생각한다. 왜냐하면 모든 것이 이 '있음'으로부터 시작되는 것으로 보이기 때문이다. 따라서 그는 앞으로도 계속하여 '있음의 형이상학'에 전념하고자 한다. 우선은 아리스토텔레스의 《형이상학》에 관한 2차 문헌 몇 권을 우리말로 옮기고, 이어서 아리스토텔레스의 《자연학》을 옮기는 작업을 계획하고 있다. 그런 다음에는 힘이 닿는다면 아리스토텔레스의 《형이상학》에 관한 해설서를 쓰려고 한다.

옮긴 책으로 《아베로에스의 아리스토텔레스 형이상학》이 있다.

형이상학

초판 1쇄 펴낸날 | 2009년 4월 10일
초판 4쇄 펴낸날 | 2016년 11월 25일
개정1판 1쇄 펴낸날 | 2018년 7월 1일
개정1판 2쇄 펴낸날 | 2019년 8월 5일

지은이 | 아리스토텔레스
옮긴이 | 김재범
펴낸이 | 김현태
펴낸곳 | 책세상

서울시 마포구 잔다리로 62-1, 3층(우편번호 04031)
전화 | 02-704-1251(영업부) 02-3273-1333(편집부)
팩스 | 02-719-1258
이메일 | bkworld11@gmail.com
광고제휴 문의 | bkworldpub@naver.com

홈페이지 | chaeksesang.com 페이스북 | /chaeksesang
트위터 | @chaeksesang 인스타그램 | @chaeksesang 네이버포스트 | bkworldpub
등록 1975. 5. 21 제1-517호

ISBN 979-11-5931-251-9 04110
979-11-5931-221-2 (세트)

* 이 도서의 국립중앙도서관 출판시도서목록(CIP)은 서지정보유통지원시스템 홈페이지 (http://seoji.nl.go.kr)와 국가자료공동목록시스템(http://www.nl.go.kr/kolisnet)에서 이용하실 수 있습니다.(CIP제어번호 : CIP2018018844)